Sales Coaching by Benedict

Karl Herndl

Sales Coaching by Benedict

Vertriebserfolg mit klaren
Strukturen und Herz

 Springer Gabler

Karl Herndl
Viktring, Österreich

ISBN 978-3-658-02524-3   ISBN 978-3-658-02525-0 (eBook)
DOI 10.1007/978-3-658-02525-0

Die Deutsche Nationalbibliothek verzeichnet diese Publikation in der Deutschen Natio-
nalbibliografie; detaillierte bibliografische Daten sind im Internet über http://dnb.d-nb.de
abrufbar.

Springer Gabler
© Springer Fachmedien Wiesbaden 2013

Lektorat: Manuela Eckstein
Covermotiv: Agentur Media3000, Klagenfurt, Österreich

Gedruckt auf säurefreiem und chlorfrei gebleichtem Papier

Springer Gabler ist eine Marke von Springer DE. Springer DE ist Teil der Fachverlagsgruppe
Springer Science+Business Media.
www.springer-gabler.de

Da ist ein positiver Geist, der uns Menschen helfen will,
uns zu entwickeln.

Da ist ein positiver Geist, der Frieden und Freude will und der dafür
sorgt, dass das Trennende zwischen uns wieder zusammenkommt.

Da ist ein Geist, der Entwicklungen anschiebt und sich Menschen sucht,
die diese Entwicklungen vorantreiben.

Dem, der Ja sagt, werden Begegnungen mit Menschen und Zeichen
als Wegweiser geschickt.

Der, der Ja sagt, wird in kleinen Schritten
auf seine Aufgabe vorbereitet.

Der, der Ja gesagt hat, versteht den Weg,
den er gegangen ist, oft erst im Nachhinein.

Daran glaube ich!

Geleitwort von Dr. Notker Wolf

Die Benediktsregel erfreut sich im modernen Management in den letzten Jahren zunehmender Beliebtheit. Fragen, wie man mit Menschen umgeht, wie man auf sie zugeht, sie ernst nimmt und damit überzeugt, werden allerorts diskutiert. Man nimmt sich dafür gerne eine Anleihe aus dem Lebenswerk des Benedikt von Nursia, dessen Regel die Entwicklung des Abendlandes stark geprägt hat. Benedikt gibt dem Leben und Verhalten eine Struktur und ein Gerüst, damit Arbeit erfolgreich gelingen kann. Es sind Grundkonstanten, die in der Regel Benedikts ausgedrückt sind und sich über Jahrhunderte bewährt haben. Zu diesem Thema gab es in den letzten Jahren auch einige Buchveröffentlichungen, die die Grundaussagen der Benediktsregel auf das moderne Management übertragen wollen. Als Antwort auf die fehlende Ordnung, den Werteverlust und die Sinnsuche im Management wird dieses altbewährte Ordnungsmuster angeboten und diskutiert.

Dass die Benediktsregel aber auch ganz praktisch in der Gestaltung von Vertriebsstrukturen ihren Platz haben könnte, würden wohl die wenigsten vermutet haben. Als mir Karl Herndl im Jahre 2010 sein Buch *Führen und verkaufen mit der Kraft der Ordnung* zukommen ließ, stellte ich fest, dass sich da jemand sehr interessante Gedanken darüber gemacht hatte, wie die Benediktsregel für das Gelingen von Vertriebsprozessen fruchtbar gemacht werden könnte. Besonders gefiel mir, dass dieser Ansatz sehr konkret und praktisch ausformuliert war und nicht nur im Philosophischen hängen blieb. Zwischen dem Autor und mir entstand in der Folge ein reger Austausch per Email, und schließlich wurde ich neugierig auf den Vertriebstrainer, der mit der Regel unseres Ordens arbeitet. Ich lud Herrn Herndl zu mir nach Rom ins Kloster Sant'Anselmo ein, wo sich der Sitz der benediktinischen Konföderation befindet.

Im persönlichen Gespräch mit Karl Herndl bekam ich den Eindruck, dass das Konzept sehr gut durchdacht ist. Er geht davon aus, dass jemand, der Ordnung hat, zwangsläufig Erfolg haben muss. Seiner Ansicht nach herrschen aber gerade im Vertrieb sehr oft Beliebigkeit und Zufälligkeit. Herndl nimmt nun die Benediktsregel her und überträgt die Grundkonstanten auf den Vertrieb. Er hat die Umsätze eines Unternehmens im Blickpunkt, die seiner Ansicht nach gar nicht ausbleiben können, wenn geordnet gearbeitet wird. Herndl ordnet den Tagesablauf der Verkäufer und Führungskräfte im Vertrieb und gibt konkrete Anleitungen für das Gelingen von Verkaufs- und Führungsgesprächen. Er stellt den Menschen in den Mittelpunkt und bietet ihm Wertschätzung und einen Entwicklungsprozess an. Insgesamt erreicht Herr Herndl damit eine Kultur der gegenseitigen Wertschätzung und gleichzeitig ein verlässliches Erreichen der vereinbarten Vertriebsergebnisse.

In der persönlichen Begegnung konnte ich mich davon überzeugen, dass Herr Herndl lebt, was er „predigt". In den Tagen, die er in Sant'Anselmo verbracht hat, hat ihm die Integration in das klösterliche Leben offensichtlich große Freude bereitet. Er hat sich mit Benedikt von Nursia, der Benediktsregel und den Benediktinern intensiv auseinandergesetzt, sodass er nun für sein Vertriebskonzept aus einer fundierten Basis schöpfen kann. Mit dem „Sales Coaching by Benedict" hat er eine Marke geschaffen, die ihm als Grundlage dienen soll, sein Werk zu verbreiten.

Ich freue mich auf die weitere Kooperation und den Austausch mit Herrn Herndl. Gerne werde ich auch in Zukunft seinem Wunsch nachkommen, seinen Entwicklungsprozess zu begleiten. Für das vorliegende Buch wünsche ich ihm zahlreiche Leser und für seine Arbeit mit dem „Sales Coaching by Benedict" ein gutes Gelingen und eine fruchtbare Entwicklung.

Dr. Notker Wolf
Abtprimas des Benediktinerordens

Inhalt

1. Kapitel: Die Ausgangssituation

Vertrieb: Eine spannende Herausforderung

Die Arbeit im Vertrieb ist eine der spannendsten Herausforderungen im Berufsleben. In keiner anderen Branche kann man durch Fleiß und gute Arbeit das Einkommen so stark selbst bestimmen wie gerade im Vertrieb. Man wird täglich mit neuen Herausforderungen konfrontiert, begegnet vielen Menschen und kann sich jeden Tag ein Stück weiterentwickeln.

Verkäufer[1] im Außendienst arbeiten heutzutage meist als selbstständige Unternehmer im Unternehmen, also auf eigene Rechnung, nutzen aber das Know-how, die Produkte und die Infrastruktur des Unternehmens. Dafür sichern sie dem Unternehmen zu, exklusiv für dieses tätig zu sein.

In den letzten Jahren und Jahrzehnten haben sich viele Menschen in dieser Branche eine stabile Existenz aufgebaut, sie haben viele Kunden in allen nur erdenklichen Lebenssituationen beraten und Lösungen zur Abdeckung von Kaufmotiven gefunden. Die Geschäfte liefen mal besser und mal weniger gut, aber in Summe konnte man immer davon ausgehen, dass ein fleißiger Verkäufer ein gutes Einkommen erzielt.

Große Vertriebsstrukturen entstanden und boten Verkäufern eine Heimat. Auch heute kommt es noch vor, dass ein Verkäufer ein ganzes Leben lang für dasselbe Unternehmen arbeitet und sich dadurch emotional stark an das Haus gebunden fühlt. Und so können die Vertriebsunternehmen meist auf eine große Anzahl von verlässlichen Mitarbeitern zählen und ihre Planung danach ausrichten.

In der Vergangenheit haben Unternehmen große Anstrengungen unternommen, um Mitarbeiter zu binden. Es gab zahlreiche Incentives und Belohnungen für außergewöhnliche Leistungen, Wettbewerbe und Großveranstaltun-

---

[1] Der Einfachheit halber wird überwiegend die männliche Bezeichnung gewählt. Wenn zum Beispiel von „Verkäufern" die Rede ist, werden Frauen und Männer selbstverständlich in gleicher Weise angesprochen.

gen, auf denen die gesamte Vertriebspower des Unternehmens zu spüren war.

Führung erfolgte hauptsächlich über Motivation. Wer besonders gut war, stand auf der Bühne, wer noch nicht so weit war, nahm sich vor, nächstes Mal oben mit dabei zu sein. Führungskräfte waren nah an den Menschen, man unternahm gemeinsame Aktivitäten und versuchte, eine gute Stimmung im Team zu erzeugen.

Das lief alles jahrelang ganz gut. Mit der Wirtschaftskrise 2008 änderten sich aber die Rahmenbedingungen ganz entscheidend. Die erfolgsverwöhnten Verkäufer mussten plötzlich feststellen, dass sie sich nun in einer völlig neuen Situation befanden. Und auch die Unternehmen wussten am Anfang nicht so recht, wie sie mit den Veränderungen umgehen sollten. Die Wirtschaftskrise war aber nur ein Auslöser, der ein Problem ans Tageslicht brachte, das schon seit Jahren vorhanden war, aber bis dahin durch Engagement und Fleiß überdeckt worden war: *die Unordnung in den Prozessen.*

Der Beruf des Verkäufers war im Grunde immer ein Beruf, den man „einfach kann". Eine gute Einstellung zum Job und ein Mindestmaß an Vertriebstechnik waren ausreichend, um Erfolge einzufahren. Die „freie Zeiteinteilung" stellte eine große Herausforderung an die Disziplin der Verkäufer dar und verlockte oft dazu, ziemlich ungeplant in den Tag hineinzuleben. Wie auch immer, die Geschäfte liefen zufriedenstellend, und es gab weder Handlungsbedarf noch einen Grund, sich mit dem Thema Struktur im Verkauf zu beschäftigen. Die meisten Verkäufer hätten es vermutlich auch nicht gerne gesehen, wenn sich die Unternehmensleitung zu sehr in den täglichen Arbeitsprozess eingemischt hätte. Schließlich war man ja selbstständig oder hatte eine Aufgabe im Vertrieb gewählt, weil man ein Stück weit unabhängig sein wollte und selbst am besten wusste, wie es funktioniert.

Führungskräfte gab es natürlich auch schon immer. Die Verkäufer waren ihnen zugeteilt, man arbeitete gemeinsam in einem Team. „Echtes" Führen mit klar definierten Prozessen fand aber nicht statt. Zu groß war die Angst vor Konflikten mit den selbstständigen Verkäufern. Man beschränkte sich also auf das Begleiten und Fördern und auf fachliche Inputs. Der Fairness halber muss erwähnt werden, dass die ernannten Führungskräfte für den Führungsprozess kaum ausgebildet waren. Oft machte man die besten Verkäufer zu Führungskräften und ging davon aus, dass das Vorbild abfärben würde. Das traf natürlich auch mancherorts zu, insgesamt aber war konkrete Führungsarbeit im Sinne von Fördern und Fordern kaum zu finden.

Als die Wirtschaft ins Trudeln kam, gerieten auch die Vertriebsstrukturen ins Schleudern. Plötzlich gab es Handlungsbedarf! Die Produktion stagnierte und die Gewinne schrumpften. Jetzt war Handeln angesagt. Und genau an dieser Stelle befinden wir uns heute. In vielen Unternehmen erleben wir (Re-) Aktionen, die mehr oder weniger geeignet sind, das Ruder herumzureißen. Jedenfalls bewegt sich etwas im Vertrieb und Manager suchen eifrig nach Lösungen. Diese Ist-Situation bietet Unternehmen eine große Chance, sich neu aufzustellen und Strukturen in den Führungs- und Verkaufsprozessen zu etablieren. Ein gut aufgestellter Vertrieb wird auch in schwierigen Zeiten erfolgreich sein, weil die Antwort auf sich verändernde Rahmenbedingungen aus einem festen Fundament heraus wachsen kann. Bevor wir handeln, ist es jedoch erforderlich, die Situation gründlich zu analysieren, damit die richtigen Schritte unternommen werde. Und wir müssen bedenken, dass wir die Mitarbeiter mitnehmen müssen, wohin die Reise auch geht.

Die aktuelle Lage

Köln, im Juli 2012

Wir saßen zu dritt beisammen, die Führungskraft Herr F., der Vertriebspartner Herr M. und ich als externer Coach. Das Gespräch war das zweite von drei geplanten Gesprächen in diesem Coaching-Prozess. In der ersten Gesprächsrunde hatten wir den Tagesablauf des Herrn M. durchleuchtet und einige Verbesserungsmöglichkeiten gefunden. Ich hatte das Gefühl, dass er von diesem Ansatz sehr angetan war. Er arbeitete kräftig mit an der Entwicklung und ließ konkrete Fragen an sich heran. Ich hatte bis zu diesem Gespräch eine spürbare Entwicklung erwartet und war ein bisschen enttäuscht darüber, dass diese noch nicht eingetreten war. Herr F. war ebenso wie ich überrascht, dass sich die Ergebnisse des Mitarbeiters noch nicht verbessert hatten und räumte ein, den Führungsprozess nicht intensiv genug durchgeführt zu haben, so wie wir das beim ersten Gespräch verabredet hatten.

Herr M. fragte, ob er in diesem Gespräch auch persönliche Dinge ansprechen dürfe, was ich natürlich bejahte, weil ich immer sehr froh bin, wenn Menschen sich im Führungsprozess öffnen. Daraufhin begann er seine Situation zu schildern.

Er erzählte, dass er sich nach unserem letzten Gespräch fest vorgenommen hatte, die vereinbarten Maßnahmen umzusetzen. Er wollte mit den im Training erarbeiteten Leitfäden die Kunden anrufen und Termine vereinbaren, fand aber nicht die Kraft dazu, sich ausreichend intensiv mit diesem Vorhaben zu beschäftigen. Nun begannen bei mir die Alarmglocken zu läuten. Wenn Mitarbeiter Vereinbarungen aus den Führungsgesprächen nicht umsetzen, werde ich normalerweise mit Ausreden konfrontiert. Wenn aber jemand von sich behauptet, dass er „die Kraft nicht gefunden hat", deutete dies meist auf eine Lebenskrise hin.

Und so war es auch. Wir erfuhren, dass Herrn M. einige Entwicklungen in seinem Leben seit einiger Zeit sehr stark belasteten. Früher war er ein hervorragender Verkäufer und fand sich im Ranking des Unternehmens immer weit vorne wieder. Alles ging ihm leicht von der Hand. Herr M. konnte sich über ein sehr hohes Einkommen freuen und legte sich einen entsprechenden Lebensstandard zu. Er ließ ein großes Haus bauen und fuhr mit seiner Frau und den beiden Kindern mehrmals im Jahr in den Urlaub. Der Urlaub war aber auch die einzige freie Zeit im Jahr, die er sich gönnte, ansonsten ging er voll und ganz in seinem Beruf auf. Seine Frau war halbtags beschäftigt, den Rest der Zeit kümmerte sie sich um die Familie und den Haushalt. Alles lief eigentlich ganz gut.

Plötzlich begann sich sein Leistungsvermögen zu reduzieren. Zuerst dachte er, dass es sich um eine vorübergehende Phase handelte, und machte sich noch keine ernsthaften Sorgen. Der Zustand hielt aber an und verschlimmerte sich sogar zusehends. Er spürte, dass sein innerer Antrieb immer schwächer wurde. Herr M. plante nur noch die Hälfte der Kundengespräche pro Tag und spürte, dass ihn dieser reduzierte Einsatz trotzdem mehr forderte als das anspruchsvolle Programm, das er früher absolviert hatte. Vorerst ergab sich daraus kein finanzielles Problem, weil er auf Reserven zurückgreifen konnte. Nun, so sagte er, waren diese Reserven aber größtenteils aufgebraucht und er wisse nicht mehr, wie lange er sich die Rückzahlungen bei der Bank noch würde leisten können. Außerdem gab es offenbar Probleme in seiner Ehe, die er zwar erwähnte, aber nicht genauer beschrieb. Seine Kinder waren noch in Ausbildung und benötigten seine finanzielle Unterstützung. Kurzum, er war an einem Punkt angelangt, an dem er nicht mehr weiter wusste.

Ich hatte das Gefühl, dass es Herrn M. sehr gut tat, sich auszusprechen. Herr F. wirkte sehr betroffen, weil er erkannte, dass er seine Aufgabe in diesem Fall nicht besonders gut erfüllt hatte. Der Coaching-Prozess mit diesem Mitarbeiter änderte seine Richtung. Es ging nun in erster Linie ums Abholen. Seine Öffnung war der Auftrag für die Führungskraft und für mich, hilfreiche Schritte einzuleiten. Wir entwickelten die Eckpunkte eines engen Führungskonzeptes mit konkreten Praxisschritten, die Herrn M. wieder langsam auf den Erfolgsweg zurückbringen sollten und die auch zu greifen begannen, wie ich vier Wochen später in der dritten Gesprächsrunde erfuhr. Herr M. war sozusagen auf dem Weg der Besserung, aber noch lange nicht genesen.

In meinen Seminaren und Coachings habe ich in den letzten Jahren eine ganze Reihe ähnlicher Situationen erlebt. Viele Verkäufer steckten in ihrer Entwicklung fest, das war zumindest mein Eindruck. Meist schlug sich dieser Umstand auch in den Zahlen nieder, wurde aber vom betreffenden Verkäufer nur zögerlich bestätigt, vermutlich deshalb, weil es offenbar speziell Verkäufern sehr schwer fällt, sich nichts vorzumachen und die Situation, in der sie sich befinden, realistisch einzuschätzen. Manchmal gab es auch emotionale Öffnungen und klare Hilferufe. Ich versuchte, mit Kollegen und Führungskräften den Grund für die Situation zu analysieren. Wir kamen in diesen Gesprächen immer wieder zu der Erkenntnis, dass sich die technischen und organisatorischen Voraussetzungen im Verkauf radikal geändert hatten. Früher war es offensichtlich wesentlich leichter, bei Kunden Termine zu bekommen. Wenn jemand genügend Termine einplante, schloss er in der Regel auch eine ausreichende Anzahl an Geschäften ab. Die Verkaufsgespräche verliefen zwar nicht immer optimal, die Chancen, mehrere Produkte beim Kunden anzusprechen, wurden kaum wahrgenommen, und das Empfehlungsthema wurde auch stiefmütterlich behandelt. Aber unter dem Strich blieb dem fleißigen Verkäufer ein ganz ordentliches Einkommen, und jene, die von sich aus weniger arbeiten wollten, verdienten in der Zeit, in der sie arbeiteten, immer noch genug.

Die Unordnung wird zum Problem

Mit der Wirtschaftskrise 2008 änderte sich diese Situation schlagartig. Viele Kunden waren persönlich von der Krise betroffen und überlegten sich zweimal, wofür sie ihr Geld ausgeben wollten. Plötzlich waren Verkäufer bei der Terminvereinbarung und im Verkaufsgespräch mit unentschlossenen Kunden konfrontiert, die Einwände vorbrachten und Abschlüsse verzögerten, in einer Form, auf die die Verkäufer nicht vorbereitet waren. Auch das Formulieren der richtigen Fragen für die Kundengespräche und das Trainieren dieser Inhalte stand bei den meisten Vertriebsorganisationen nicht auf dem Plan. Die Termine wurden also weniger, in der Folge auch die Abschlüsse und damit das Einkommen. Die Kostenstrukturen, die sich die Menschen aufgebaut hatten, blieben aber dieselben, sodass sich immer mehr Druck aufbaute, der mit persönlicher Belastung bis hin zum Burnout einherging.

Ähnliches galt natürlich auch für die Führungskräfte. Das freundliche Begleiten hatte ausgedient, weil es die aufkommenden Probleme der Mitarbeiter nicht lösen konnte. Führungskräfte sahen sich vor eine neue Aufgabe gestellt: die Führung direkt am Mann, die den Mut erfordert, sich auf echte Führungsprozesse einzulassen. Auf diese Aufgabe hatte man die Führungskräfte jedoch nicht vorbereitet. Sie waren auf sich allein gestellt. Man ließ einfach führen, brachte ihnen aber nicht bei, wie ein konkretes, zielführendes Gespräch abzulaufen hat, das die Mitarbeiter öffnet, fordert und ihnen konkrete Wege aufzeigt, sich zu entwickeln. „Wer fragt, der führt", war ein wohlbekannter und immer wieder verwendeter Slogan in den Vertrieben. Niemand dachte aber daran, mit den Führungskräften die richtigen Fragen für die Führungsgespräche zu entwickeln und zu trainieren.

Nun spürten auch die Führungskräfte der Verkäufer, dass sie ihre Ziele nicht erreichen und die nächsthöhere Führungsebene den Druck erhöhte. Und weil niemand eine Idee hatte, wie man der Sache Herr werden könnte, blieb nur noch die Erhöhung der Arbeitseinsatzes, in der Hoffnung, die Ergebnisse damit in den Griff zu bekommen. Auf diese Weise gelangten immer mehr Menschen in Situationen, die sie überforderten und die Grenzen ihrer physischen und psychischen Leistungsfähigkeit überstiegen. Menschen wurden krank, einerseits aufgrund der Arbeitsüberforderung und anderseits aufgrund der Tatsache, dass man Ergebnisse von ihnen forderte, die sie im Augenblick nicht zu erreichen imstande waren. Die fehlende Ordnung hatte viele Menschen in schier unlösbare Konfliktsituationen gebracht.

Auf der Suche nach der Ordnung

Wir brauchen also eine Ordnung, wenn wir Vertriebsprozesse erfolgreich gestalten wollen. Doch wo nehmen wir diese Ordnung her? In der Geschichte des Vertriebs wird man kaum fündig werden, denn der Vertrieb war wohl immer so etwas wie der natürliche Feind der Ordnung. Was wäre, wenn wir einfach die Ordnung übernehmen, die uns jeden Tag umgibt? Die wir von Kindestagen an gewohnt sind und die damit ein Teil von uns selbst ist? Das, was uns umgibt, ist jedenfalls sehr gut durchdacht und geordnet. Die Sonne geht morgens auf und am Abend wieder unter. Der Frühling folgt dem Winter und der Herbst dem Sommer. Die Natur zeigt sich uns als ein ausgeklügeltes Ordnungsprinzip, in dem die Prozessketten seit Jahrtausenden ineinander greifen. Können wir von diesem bewährten Ordnungsmuster profitieren, oder müssen wir tatsächlich den Vertrieb jeden Tag neu erfinden?

In meinen Seminaren arbeite ich seit Jahren mit dem Begriff der „Ordnung". In diesem Zusammenhang entwickeln sich immer wieder sehr interessante Dialoge. Eines dieser Gespräche möchte ich hier wiedergeben:

Trainer:	Herr F., wie sieht denn Ihre persönliche Ordnung im Vertrieb aus?
Herr F.:	Da haben Sie sich leider den Falschen ausgesucht. Ich bin von Natur aus unordentlich. Wenn Sie sich einmal meinen Schreibtisch ansehen würden, dann wüssten Sie, was ich meine.
Trainer:	Haben Sie gesagt, dass Sie von Natur aus unordentlich sind?
Herr F.:	Ja, aber ich weiß wenigstens, wo ich suchen muss!
Trainer:	Darf ich fragen, wie alt Sie sind?
Herr F.:	Ja natürlich, ich werde demnächst 50 Jahre alt.
Trainer:	(Nimmt seinen Taschenrechner zur Hand) 50 Jahre.

| | Das heißt, Sie haben über 18.000 Mal erlebt, dass es am Morgen hell wird und am Abend wieder dunkel. Sie haben 50 Mal erlebt, dass nach dem Sommer der Herbst kommt und nach dem Winter der Frühling. Von Natur aus unordentlich ist so gesehen wohl eine ziemlich gewagte Ansage. |

Herr F.:   (Lächelt) Ich weiß, worauf Sie hinaus wollen. Sie meinen, **dass die Ordnung das Natürliche ist,** nicht umgekehrt!

Ich war begeistert. Ich war von der Aussage des Teilnehmers fasziniert, weil ich diese Kernbotschaft damals noch nicht so präzise hätte formulieren können. *Die Ordnung ist also das Natürliche, nicht umgekehrt!*

Wenn also die Ordnung das Natürliche ist, wie kann es dann sein, dass wir uns im Vertrieb nicht von vornherein daran orientieren? Die Antwort ist eigentlich ganz einfach. *Der Mensch ordnet sich nicht selbst,* er braucht dazu einen Führungsprozess. Einen Führungsprozess, der in einem Rahmen ablaufen kann, in dem Ziele und Regeln definiert und Rollen verteilt sind. Das scheint gerade im Vertrieb nicht so zu sein, weil Verkäufer Führungsprozesse nicht von sich aus einfordern und umgekehrt Führungsprozesse zu zaghaft ansetzen. Kandidaten, die von anderen Unternehmen kommen, bringen die Unordnung aus ihrem bisherigen Unternehmen mit. Neue Mitarbeiter bringen die Unordnung aus der Sozialisierung in der Gesellschaft und der Familie mit, die heute vielerorts vorherrscht.

Die Krise der Gesellschaft spiegelt sich im Vertrieb

Vor noch gar nicht langer Zeit gab es viel Klarheit, auf die wir uns verlassen konnten. Kinder wuchsen in geordneten Familien auf und wurden dort auf den Rhythmus des Lebens vorbereitet. Die Rollenanforderungen an Frauen und Männer zum Gelingen der Gesellschaft waren klar formuliert und wurden auch gelebt. Dann begann alles das, was einmal gut gewesen war und sich bewährt hatte, an Bedeutung zu verlieren. Die Ordnung rann uns quasi durch die Hände und wurde durch zunehmende Beliebigkeit von gesellschaftlichen Prozessen und einer Konzentration auf die Befindlichkeiten des Individuums abgelöst. Egotrips waren plötzlich angesagt und ein Alles-Infrage-Stellen. Unterordnung, Gehorsam, Demut und Verzicht wurden zu Begriffen, mit denen der „moderne" Mensch gar nichts mehr anzufangen wusste. Statt dessen herrschten Eigensinn und Selbstverliebtheit. Alles, was sich bisher bewährt hatte und die Grundlage unserer Gesellschaft gebildet hatte, wurde prinzipiell in Frage gestellt. Eltern wissen sich da oft nicht mehr zu helfen und steigen aus den Führungsprozessen aus. Die Kinder spüren das natürlich und richten es sich so ein, dass sie möglichst ohne Konflikte mit den Eltern ihr eigenes bequemes Leben führen können.

Führung wird heutzutage in unserer Gesellschaft kaum vorgelebt. Es wird nicht mehr geführt. Führung braucht Vorbilder, die uns aber in der Öffentlichkeit abhanden gekommen sind. In der Politik wird uns ein Einheitsbrei von Menschen präsentiert, die von ihren Medientrainern in eine Rolle und das dazugehörige Verhalten gedrängt werden, ohne sich selbst zeigen zu müssen. Im Blickpunkt steht immer die nächste Wahl und nicht die ehrliche Antwort. In den Unternehmen werden die Führungsprozesse zwar thematisiert, manchmal auch eingefordert, aber kaum so detailliert beschrieben und geübt, dass sich jemand ihre Umsetzung zutraut. Und in den Familien weiß man auch nicht so genau, welche Werkzeuge man in Krisensituationen mit den Kindern einsetzen soll. Im heftigen Streit mit den Kindern rufen die Mütter dann gerne nach dem Vater, der jetzt endlich einmal zeigen soll, wer der Herr im Haus ist. Gefordert werden an dieser Stelle Machtdemonstrationen, die die jungen Menschen unserer Zeit aber nicht sonderlich beeindrucken. *Wenn wir die Krise der Gesellschaft in den Griff bekommen wollen, dann müssen wir endlich wieder anfangen zu führen!*

Junge Menschen, die heute in den Vertrieb kommen, bringen natürlich ihre eigene Entwicklung, die sie seit der Kindheit durchlaufen haben, mit. Wo Ordnung nicht erlebt worden ist, wird auch nicht mehr danach gesucht. Und wer als Kind und Jugendlicher keinen intensiven Führungsprozess erlebt hat, der wird in einem engen Führungsprozess, der ihm im Unternehmen in Aussicht gestellt wird, zunächst keinen Mehrwert erkennen. Dazu kommt noch, dass mit der organisatorischen Einheit Vertrieb nicht automatisch ein System in Zusammenhang gebracht wird, das geordnet ist und von einem Mitarbeiter fordert, sich zu strukturieren, wenn er Erfolg haben will. In anderen Berufsfeldern sieht das anders aus. Ohne strenge

Strukturen, an die sich alle halten, würde kein Krankenhaus funktionieren, kein Schulbetrieb, keine Flugreise, keine Fabrik. Die Beispiele ließen sich beliebig fortsetzen. In solchen geordneten Systemen kommt auch kein Mensch auf die Idee, an dem Sinn der Ordnung zu zweifeln. Wenn neue Menschen in den Vertrieb aufgenommen werden, dann ist also von Anfang an exakt darauf zu achten, dass der Bewerber zu seinem eigenen Vorteil bereit ist, sich auf die Ordnung und einen Führungs- und Entwicklungsprozess einzulassen. Voraussetzung dafür ist natürlich, dass im Unternehmen eine Ordnung herrscht, die definiert und dokumentiert ist, damit sie einem Bewerber vermittelt werden kann. Und es braucht Führungskräfte, die sich wirklich auf einen Prozess mit den Verkäufern einlassen wollen, ebenso wie Verkäufer, die mehr wollen, als ein bequemes Leben führen. Die Hauptverantwortung liegt dabei aber bei den Führungskräften. Man kann von Verkäufern nicht erwarten, dass sie sich selbst führen. Wenn das so wäre, bräuchten wir keine Führungskräfte. Die Grundlage für einen erfolgreichen Führungsprozess wird bereits im ersten Bewerbungsgespräch gelegt, in dem abzuklären ist, ob der Bewerber bereit ist, sich für einen Führungsprozess zu öffnen.

Lösungsversuche, die ins Leere gehen

Wie geht man nun in den Unternehmen mit dieser Situation um? Die Steuerungsversuche des Managements gehen oft in eine zwar gut gemeinte, aber nicht wirklich hilfreiche Richtung. Wenn die Zahlen nicht den Erwartungen entsprechen, werden endlos lange Tagungen und Telefonkonferenzen angesetzt. Ein Projekt löst schnell das nächste ab, die Ergebnisse werden den Führungskräften präsentiert, und schon meint man, eine Verbesserung erzielt zu haben. Die Menschen in ihren Befindlichkeiten anzusprechen und sie „abzuholen", wird in diesen Situationen oft völlig vergessen.

Ausgangspunkt für solche Aktionen ist der massive Druck, dem Manager heutzutage ausgesetzt sind. Das oberste Management, die Eigentümer und Aufsichtsräte des Unternehmens sehen nur die nackten Zahlen, und wenn diese nicht den Erwartungen entsprechen, will man schnell Aktivität sehen. Ein Business-Plan ist angesagt, ein schneller Erfolg muss her. Die Projekte, die zur raschen Umsatzsteigerung auf die Beine gestellt werden, machen in kurzen Zeitabständen Sitzungen und Workshops erforderlich, die enorm viel Zeit der Führungskräfte in Anspruch nehmen, die in konkreten Führungsprozessen wesentlich effizienter eingesetzt wäre. Man zieht die Menschen zu Meetings an zentralen Orten zusammen, erzählt ihnen, wie Führungsarbeit gehen soll, raubt ihnen aber die wichtigste Grundlage für deren Umsetzung: *die Führungszeit in der Region und beim Mitarbeiter.* Der Wunsch, Umsätze rasch zu steigern, kann immer nur temporäre Spitzen erzeugen, die schnell wieder verpuffen. Die Schnelligkeit ist der natürliche Feind des langfristigen Wachstums, das vor allem eines braucht: *Zeit zum Reifen.*

Vertriebsmanager suchen nun die möglichen Hebel, um das Steuer herumzureißen, und setzen scheinbar auch an den richtigen Stellen an: *Mehr Verkaufsgespräche* müssen her und *mehr Menschen,* um sie durchzuführen.

Mehr Verkaufsgespräche

Man schreibt eine Anzahl von Verkaufsgesprächen vor – eine Vorgabe, die aus Sicht der regionalen Vertriebsführungskräfte und vor allem auch der Verkäufer kaum zu schaffen ist. Widerstand regt sich, die Menschen verschließen sich, vermitteln nach außen hin aber gleichzeitig den Eindruck, dass sie alles tun, um die Ziele zu erfüllen. Das gelingt natürlich nicht, die Top-Führungsebene erkennt, dass die Maßnahmen nicht greifen, und erhöht erneut den Druck.

Ein wesentlicher Faktor wird an dieser Stelle übersehen: Es geht nämlich nicht in erster Linie darum, die Schlagzahl zu erhöhen. Es würde absolut genügen, die Verkaufsgespräche so ordentlich durchzuführen, dass bei einem Kundentermin alle Sparten im Cross-Selling angesprochen und der Kunde in jedem Gespräch nach Empfehlungen gefragt wird. Dann wäre zu jeder Zeit für alle Sparten des Unternehmens genügend Geschäft vorhanden. Der Ansatz muss deswegen in der Qualität der Verkaufsgespräche gesucht werden und erst in zweiter Linie in ihrer Häufigkeit. Wer nur die Frequenz erhöht, fordert Leistungsbereitschaft ein, ohne die Leistungsfähigkeit zu erhöhen.

Mehr Mitarbeiter

Gleichzeitig mit der Forderung nach der Erhöhung der Schlagzahl wird oft ein intensiver Ausbau der Vertriebsmannschaft gefordert. Auch das ist prinzipiell natürlich ein richtiger Gedanke, der aber erst in einem geordneten Vertrieb vernünftig umgesetzt werden kann, weil sonst die Unordnung immer wieder von neuem reproduziert wird. Was die Ordnung betrifft, präsentieren sich viele Vertriebe als Rohbauten. Mit dem Mitarbeiterausbau wird der Rohbau immer um ein Stück erweitert, das Haus bleibt dabei aber immer eine Baustelle.

Sich von bestehenden Mitarbeitern zu trennen ist in dieser Situation verpönt. Das würde die Gesamtanzahl der Mitarbeiter ja weiter verkleinern. So werden also Menschen mitgeschleppt, die aus irgendwelchen Gründen in das Unternehmen geraten sind, ohne dass die Hoffnung besteht, dass sie sich jemals in der gewünschten Form entwickeln werden. Natürlich muss man in dieser Situation immer genau auf den bisher erfolgten Führungsprozess schauen und analysieren, ob der Mitarbeiter bisher ordentlich geführt wurde. Oft wirkt eine Intensivierung der Führungsprozesse dann Wunder. Es bleibt aber eine Anzahl von Mitarbeitern, die einfach für diesen Job nicht entwickelbar sind und die Energien der Führungskräfte unnötig binden. Um aber die Anzahl von Verkäufern nicht zu verkleinern, wird die Parole ausgerufen, dass man sich von einem Mitarbeiter nur dann trennen darf, wenn dafür ein neuer gefunden worden ist. Mitarbeitersuche und -auswahl brauchen natürlich ihre Zeit, wenn man Leute sucht, die wirklich voll und ganz zum Job und in das Unternehmen passen. So geht man an dieser Stelle eben wieder Kompromisse ein, und der Teufelskreis beginnt von vorne.

Führungskräfte ziehen nur scheinbar mit

Es wird also regiert und dirigiert. Man plant den Unternehmenserfolg im Sandkasten und sucht sich Manager, die die Planung in den Regionen umsetzen sollen. Man kauft Gebietsdirektoren ein, denen man eine große Mannschaft von Verkäufern und Führungskräften im Vertrieb „anvertraut", ohne ihnen das nötige Vertrauen mit auf den Weg zu geben. Denn die Abläufe, die in ihren Gebieten erfolgen sollen, werden Punkt für Punkt von der Zentrale vorgegeben. Natürlich muss es eine Ordnung in einem System geben, die für alle verbindlich ist. Doch an manchen Punkten der Ordnung ist es notwendig, aufgrund der regionalen Rahmenbedingungen Adaptierungen zuzulassen. Wo genau das geschehen soll und wie, das können nur die Menschen beurteilen, die dort leben und arbeiten. Anordnungen, die an der Praxis vorbeigehen, setzen sich auf Dauer nicht durch. Solche Überlegungen sind in den Konzernzentralen jedoch wenig beliebt. Und wo solche regionalen Abweichungen erkennbar sind, dauert es dann auch meist nicht lange, bis eine Anordnung erfolgt, man möge sich doch bitte an die Anweisungen halten. Ein solches Führungsverständnis baut nicht auf Erkenntnissen auf, geht an der Praxis vorbei und kann nur mit Druck durchgesetzt werden.

Aus Angst vor Konsequenzen geben die Gebietsdirektoren die Anweisungen auch tatsächlich vollinhaltlich an die Führungskräfte der Verkäufer weiter, und diese wiederum setzen ihre Verkäufer davon in Kenntnis. Natürlich wird mit keinem Wort erwähnt, dass die Führungskräfte den Mitarbeitern in Wirklichkeit gerne etwas ganz anderes sagen würden. Trotzdem ist allen klar, dass der Botschafter Anweisungen gibt, hinter denen er als Person nicht steht. Führungskräfte sollen ihren Mitarbeitern etwas „verkaufen", das sie selbst nicht „gekauft" haben. Widerstand beginnt sich zu regen, die Mehrzahl der Mitarbeiter entscheidet aber, zumindest so zu tun, als würden die Anforderungen umgesetzt, um das Standing der Führungskraft im Unternehmen nicht zu gefährden. So entsteht gewissermaßen eine Scheinwelt in den obersten Führungsetagen, die nicht das spiegelt, was im Unternehmen tatsächlich abläuft. Je länger dieser Zustand andauert und je mehr derartige Beispiele erlebt werden, desto stärker wächst der innere Widerstand der Mitarbeiter, bis es schließlich zur Explosion kommt. Eine Blase, gefüllt mit herrlichen Business-Plänen, ausgeklügelten Tabellen und bunten PowerPoint-Folien, platzt. Plötzlich geht nichts mehr, weil man es versäumt hat, die Menschen von Anfang an mitzunehmen.

Strukturvertriebe: Günstigere Ausgangslage

In Strukturvertrieben stellt sich die Situation im Moment günstiger dar, weil die Menschen dort über die Karriereleiter gesteuert werden. Die nächste Stufe ist immer mit einer spürbaren Verbesserung des Einkommens verknüpft, was für viele Menschen einen Motivator darstellt, um sich besonders anzustrengen. Prinzipiell kann jeder selbst entscheiden, wie schnell er die Sprossen hinaufklettern will. Wer fleißiger ist, verdient eben mehr und hat die besseren Karrieremöglichkeiten. Da die Devise gilt, dass jedes verkaufte Produkt das Ergebnis des Unternehmens verbessert, ist zugleich auch Platz für Menschen, die sich nicht so sehr engagieren möchten. Dann steigt man natürlich auch auf der Karriereleiter nicht so schnell auf und wird nicht so intensiv geführt, sodass auch die Ressourcen der Führungskraft in diesem Fall kaum beansprucht werden.

Ein weiterer Umstand, der den Druck verringert, ist die Tatsache, dass in Strukturvertrieben den Mitarbeitern keine Bestände zur Betreuung übergeben werden. Damit fällt die aus der Sicht der Mitarbeiter oft lästige Erfordernis weg, Vorgaben für die Qualität in der Betreuung der Kundenbestände festzulegen. Dafür muss man aber die Technik der Empfehlungsnahme sehr konsequent einsetzen, wenn man zu Kundengesprächen kommen will. Die Frage nach einer Empfehlung ist traditionell nicht gerade das liebste Kind der Verkäufer. Gerade in Strukturvertrieben ist man deswegen aufgefordert, die Technik für die Empfehlungsnahme zu lernen und ihre Umsetzung konsequent zu kontrollieren.

Aber auch in den Strukturvertrieben haben die Verkäufer, die schon lange dabei sind, bessere Zeiten gesehen. Und auch hier gilt, dass die Methoden, die früher zur Erreichung der geplanten Umsatzzahlen ausgereicht haben, nun längst nicht mehr genügen. Die Einsicht, dass ganz kräftig an der eigenen Einstellung und an der Arbeitstechnik gearbeitet werden muss, wenn man der Sache Herr werden will, hat sich auch hier noch nicht wirklich herumgesprochen. Und damit schlittern auch gute Verkäufer in Krisen. Der Lebensstandard kann nicht mehr gehalten werden, die Unzufriedenheit wächst und man findet keinen Ausweg.

Vertriebserfolg mit Menschlichkeit und Ordnung

Wenn ich mir die Menschen vor Augen führe, mit denen ich in Seminaren und Coachings zu tun habe, dann sehe ich neben der Sorge auch sehr viel Hoffnung und Engagement. Die meisten Menschen wollen irgendwie daran mitarbeiten, dem Vertrieb wieder neuen Schwung zu verleihen. Man versucht auch durchaus, sich in die Rolle eines anderen hineinzuversetzen und Verständnis für notwendige Anforderungen zu entwickeln. Viele Menschen geben sich Mühe, ihren Beitrag zu leisten, damit die Kurven wieder nach oben zeigen. Doch jetzt ist es an der Zeit, Strukturen zu schaffen, die eine klare Richtung zum Erfolg vorgeben, in einem Rahmen, in dem der Mensch zählt und geschätzt wird. Die Menschen wollen, dass ihnen der Job wieder Spaß macht und dass man ihnen einen Weg zum Erfolg zeigt, der verlässlich ist und sie nicht überfordert. Mit dem richtigen Ansatz kann Vertrieb gerade in der heutigen Zeit viel Freude bereiten. Wir müssen aber jetzt die Weichen stellen! Die Krisensituation der letzten Jahre erscheint mir wie ein Gewitter, das uns einiges an Sturm und Niederschlag gebracht, aber eben auch die Luft gereinigt hat. Die Kriterien, die einen Vertrieb auf lange Sicht hin erfolgreich machen, werden nun wenigstens ernsthaft diskutiert, noch dazu in einer Tiefe, die uns für die Zukunft hoffen lässt. *Gehen wir also nun daran, diese Chance zu nutzen!*

Wenn man die Krise in den Vertriebsstrukturen angehen will, sind *Ordnung* und *Menschlichkeit*, *Zeit* und *Beständigkeit* die Wegweiser, die Orientierung bieten.

Ordnung

In meinen Coaching-Gesprächen ist die *Ordnung* ein zentrales Thema. Zu Beginn stelle ich immer die einfache Frage: *„Herr X, wie sieht denn die Ordnung in Ihrer Vertriebsstruktur aus?"*

Nach mehrfachem Nachfragen, was ich denn damit genau meine, erhalte ich meist Antworten, die zeigen, dass kaum eine konkrete Vorstellung darüber besteht, was eine Ordnung im Vertrieb genau zu regeln hat und warum es nötig ist, eine Ordnung im Vertrieb einzuführen.

Vielerorts wird einfach einmal drauflos gearbeitet, Beliebigkeit und Zufälligkeit regieren den Tagesablauf. Wo es keine konkreten Regeln gibt, kann man natürlich auch nicht danach arbeiten. Das Management ist gefordert zu definieren, was im Unternehmen gelten soll. Regeln müssen formuliert werden, die auf den Erfahrungen der Mitarbeiter aufbauen und nicht am

Schreibtisch entstehen. Ein großer Teil der Mitarbeiter ist bereit, eine angemessene Menge an Zeit in den Beruf zu investieren. Bei ihren Tätigkeiten entsteht ein ungeheuer großer Erfahrungsschatz, der die Grundlage des Vorgehens sein muss. Bevor ich eine Ordnung schaffen kann, muss ich mich dafür interessieren, was die Menschen tun, was dabei gut läuft, was weniger gut. Das Gute muss aufgeschrieben und kommuniziert werden, damit es nicht nur da und dort passiert, sondern zur allgemeinen Grundlage des Handelns werden kann. Die Mängel müssen analysiert werden, damit man Strukturen und Maßnahmen findet, die sie beseitigen. Eine Ordnung baut also immer auf den Erfahrungen eines Systems auf: Sie macht das Gute zur Regel und behebt den Mangel. Eine Ordnung kann nicht „verordnet" werden, ihr Sinn muss den Menschen einleuchten. Erst wenn die Vorteile erkannt sind, wird man davon ausgehen können, dass Menschen sich dafür öffnen.

Menschlichkeit

Menschlichkeit bedeutet, jemandem das Gefühl zu vermitteln, dass er in diesem Unternehmen als Mensch zählt und man ihn nicht nur als Arbeitskraft „auspressen" will. Heutzutage ist viel zu oft von „Top-Performern" oder „Low-Performern" die Rede, als von einer bestimmten Person mit ihren unterschiedlichen Facetten. Statt dessen sind Führungsprozesse gefragt, die den Menschen in den Mittelpunkt stellen und ihn als Ganzes betrachten. Zuwendung und Beziehungsarbeit sind genauso wichtig wie Entwicklungsarbeit. Lob und gutes Zureden sind ebenso brauchbare Kriterien einer guten Führungsarbeit wie konstruktive Kritik. Wo der Mensch ernst genommen wird, öffnet er sich viel eher für einen Führungsprozess, um gemeinsam mit der Führungskraft einen Weg zu gehen, der auch einmal schwierig ist, aber irgendwann zum Gipfel führt.

Zeit

Auch die *Zeit* spielt im Führungsprozess in vielerlei Hinsicht eine bedeutende Rolle. Einmal geht es um die Dauer, die etwas benötigt, um zu reifen. Ein Samenkorn geht nicht schon morgen auf. Wenn man es gut wässert, dann kommt es sicher schneller aus der Erde, dieser Prozess ist aber nicht beliebig zu beschleunigen. Gerade im Vertrieb muss man Ideen, deren Umsetzung die Änderung von Verhaltensweisen erfordert, die Zeit zum Reifen geben, die sie benötigen. Schnellschüsse sind hier immer fehl am Platz. Sie bringen nie die erhoffe Wirkung, sie vergiften nur das Klima, weil sich der erwartete Erfolg nicht einstellt.

Zeit bedeutet an dieser Stelle auch die *Arbeitszeit*, die man für seinen Beruf aufwendet. Diese darf durchaus ambitioniert angesetzt werden. Es wird auch immer wieder Phasen im Verkauf geben, die einen besonderen Einsatz an Arbeitszeit erforderlich machen. Dann muss es aber auch wieder Zeiten für Erholung und Entspannung geben. Vertrieb ist kein Kurzstreckenlauf. Man muss sich die Kraft einteilen. Manchmal ist es nötig, einen Marathon zu laufen, wenn die Rahmenbedingungen das erforderlich machen. Insgesamt muss aber ein Dauerlauf angestrebt werden, in einem Tempo, das nicht zu gemütlich, aber auch nicht zu anstrengend sein darf.

Beständigkeit

Beständigkeit heißt, dass auch morgen noch gilt, was heute vereinbart wurde. Menschen müssen sich auf die Rahmenbedingungen verlassen können, wenn sie kontinuierlich arbeiten sollen. Es dauert eben, bis geforderte Verhaltensweisen oft genug erprobt und eingeübt worden sind, sodass sie sich in den Herzen der Menschen festsetzen. Wenn morgen schon wieder etwas anderes gelten soll als heute, dann ist der Mensch ständig auf der Suche und kann seine Möglichkeiten nie ganz entfalten. Beständigkeit heißt aber nicht Stillstand. Es wird immer wieder notwendig sein, Kurskorrekturen einzuleiten, wenn sich die Rahmenbedingungen ändern. Dabei ist aber zu beachten, dass dies in einem Tempo geschieht, bei dem die Mannschaft mithalten kann.

Das Ordnungsmuster

Wenn man sich dafür entschieden hat, Ordnung in den Vertrieb hineinzubringen, dann bleibt noch die Frage, woher wir diese Ordnung nehmen. Ich habe immer wieder die Erfahrung gemacht, dass ich die Teilnehmer meiner

Führungsseminare davon überzeugen konnte, mit der Kraft der Ordnung zu führen. Die Rückmeldungen nach den Seminaren zeigten mir, dass die Seminarerfahrungen durchaus in der Praxis erprobt wurden und auf fruchtbaren Boden gefallen waren. Wenn ich dann jedoch die Menschen ein Jahr später bei einem Folgeseminar wieder traf, hatte ich oft das Gefühl, wieder von vorne anfangen zu müssen. Also habe ich mich auf die Suche nach einem Ordnungsmuster gemacht, das hier Abhilfe schaffen könnte. Lange Zeit hatte ich keine Idee, wo ich suchen sollte. Wer ein bewährtes Konzept braucht, mit dem man Führungs- und Verkaufsprozesse ordnen kann, wird nicht so schnell fündig.

Auf einem Management-Seminar in einem österreichischen Benediktinerkloster fand ich dann endlich, wonach ich gesucht hatte: ein kleines schwarzes Büchlein mit goldener Aufschrift: „Die Benediktsregel". Ich beschäftige mich während des Aufenthalts in dem Kloster intensiv mit diesem Büchlein und war bewegt von den Erkenntnissen, die sich mir plötzlich auftaten. Ja, das war es! Ein Ordnungsmuster, das schon über 1500 Jahre lang Zeit gehabt hatte, sich zu bewähren.

Obwohl die Benediktsregel für das Führen von Menschen in einem Kloster und das Zusammenleben der klösterlichen Gemeinschaft geschrieben wurde, erweist sich dieses Werk als leicht adaptierbar auf Führungs- und Verkaufsprozesse in modernen Vertriebsstrukturen. Es bietet sich auch für eine Gesellschaft an, die auf der Suche nach Werten und Orientierung ist, weil dieses bewährte Modell die Entwicklung unserer Kultur entscheidend mitgeprägt hat und damit ein Teil von uns geworden ist.

Beim Transfer der Grundaussagen der Benediktsregel auf die Anforderungen im Vertrieb hat sich für mich aus vielen kleinen Mosaiksteinen fast wie von selbst ein klares Bild entwickelt, das ich in diesem Buch ausführlich darstelle. Die Regel zeigt sehr anschaulich, dass es nicht nur notwendig ist, ein soziales System zu ordnen, wenn vereinbarte Ziele erreicht werden sollen. Sie nimmt auch den Menschen mit und stellt ihn in den Mittelpunkt.

Von da an hatte ich die Benediktsregel bei all meinen Seminaren und Coaching-Gesprächen mit im Gepäck. Die Neugier der Teilnehmer, mehr über diesen Ansatz zu erfahren, war von Anfang an groß. Und nachdem zunehmend klarer wurde, dass sich dieses Regelwerk für die praktische Vertriebsarbeit als ausgesprochen hilfreich erweist, habe ich die Benediktsregel zur Grundlage meiner Arbeit gemacht, die ich seitdem als „Sales Coaching by Benedict" bezeichne.[2]

„Sales Coaching by Benedict" ist eine Anleitung, wie man einem anvertrauten Menschen den Sinn eines Führungsprozesses nahebringt und ihn dafür öffnet. Ziel ist es, in einem vertretbaren Zeitrahmen vorzeigbare Umsätze zu erreichen, und zwar in einer Struktur, in der sich jeder auskennt und zurechtfindet und die keinen überfordert.

---

[2] Für den Namen „Benedikt" wird in den folgenden Ausführungen die deutsche Schreibweise verwendet. Die Marke „Sales Coaching by Benedict" folgt der international üblichen Schreibweise.

2. Kapitel: Auf meinem Pilgerweg

Am Anfang war die Sehnsucht

Jesteburg bei Hamburg, im Sommer 1997

Mein Unternehmen hatte mir als Belohnung für gute Leistungen ein Seminar bei einem bekannten Motivationstrainer geschenkt. Aus der Seminarbeschreibung war ersichtlich, dass wir uns drei Tage lang mit den Themen Eigenmotivation und der Motivation von Mitarbeitern beschäftigen sollten. Das Seminar hatte Tiefgang und erfüllte voll und ganz meine Erwartungen. Es ging um die Motivation, die nicht von außen kommt und wie ein Strohfeuer bald wieder erlischt, sondern darum, sich selbst zu bewegen, Herausforderungen zu suchen und Möglichkeiten für ihre Bewältigung zu entwickeln.

Irgendwann am zweiten Tag war auch das Thema „Entscheiden" angesagt. Wir sollten für uns selbst Herausforderungen finden, für die es sich lohnen würde, sich besonders anzustrengen. Dann mussten wir eine dieser Herausforderungen auswählen, konkret beschreiben und darlegen, wie wir ihr begegnen wollten.

Ich erinnere mich noch genau an Beiträge mancher Teilnehmer. Eine Frau wollte in einem halben Jahr fünf Kilogramm abnehmen und beschrieb, wie sie es angehen würde. Ein Mann hatte sich überlegt, seine Frau damit zu überraschen, dass er bis zu seinem Urlaub im August selbst im Keller des neuen Hauses Fliesen legen wollte. Ja, und meine Idee war eine, die mich schon seit Jahren verfolgte: Ich wollte mich als Trainer und Coach selbstständig machen.

Da ich in einer festen Anstellung arbeitete, sehr gut verdiente und zwei kleine Kinder zu versorgen hatte, wäre das für mich in der Tat ein großer Schritt gewesen. Ich stellte mir in Gedanken vor, wie ich die Idee meiner Frau beibringen würde, und hatte keine Vorstellung davon, wie sie darauf reagieren würde. Also entschied ich mich vorerst einmal dafür, die Entscheidung hinauszuschieben.

Trainer:	Karl, welche ist denn Deine Herausforderung?
Autor:	Ich will mich in spätestens drei Monaten entscheiden, ob ich mich als Trainer und Coach selbständig machen will.
Trainer:	Das war keine Entscheidung, Du bist weiter angestellt!
Autor:	Ja, aber das ist auch wirklich keine leichte Entscheidung. Damit würde sich sehr vieles in meinem Leben verändern!
Trainer:	Karl, geh doch hinaus und in dem Wald vor dem Hotel etwas spazieren. Wenn Du Dich entschieden hast, dann komm wieder zurück!

Also machte ich mich auf den Weg, auf meinen Pilgerweg. Als ich die ersten Schritte aus dem Seminarraum hinausgegangen war, drehte ich mich noch einmal um. Ich sah die anderen Teilnehmer der Seminargruppe, die meinen Weg beobachteten. Da ging also jemand in den Wald, um sich zu finden. Vielleicht ist es gerade dieser Umstand, der einen Pilger von einem Wanderer unterscheidet: *Pilgern ist ein Bekenntnis, man offenbart sich als Suchender.* Man geht einen bestimmten Weg, entweder zu den großen Pilgerstätten, wie das heutzutage wieder sehr in Mode gekommen ist, oder eben ganz alleine mit seiner Sehnsucht in den Wald.

Ich ging einfach immer weiter in den Wald hinein. Plötzlich war ich mir sicher, dass der Weg in die Selbstständigkeit für mich genau der richtige Weg wäre. Dann gewannen wieder die Zweifel die Oberhand. Ich spürte, dass mich diese Entscheidung seelisch und körperlich sehr forderte. Das Gehen strengte mich an, und die Ungewissheit machte mein Herz schwer. An einer Lichtung kehrte ich um. Ich nahm einen anderen Weg zurück aus dem Wald, der breiter und breiter wurde, je näher es dem Waldrand entgegen ging. Langsam breitete sich eine Freude in mir aus, die nicht mehr nur ein Strohfeuer, sondern echte Wärme war und meinen ganzen Körper erfasste. Mit festem Schritt ging ich aus dem Wald hinaus und auf das Seminarhotel zu. *Als Angestellter war ich in den Wald gegangen, als Selbständiger kam ich wieder heraus.* Plötzlich war mir klar, dass Selbstverwirklichung nur möglich ist, wenn man bereit ist, aus den Sicherheiten eines geordneten Lebens auszubrechen. Ich war bereit, das Risiko einzugehen.

Nun bin ich schon seit 15 Jahren auf diesem Weg und weiß heute, dass Pilgerwege Zeit brauchen. Sie können nicht abgekürzt werden, ein solcher Weg muss in seiner ganzen Länge erfahren und ausgekostet werden. Stück für Stück reiht sich aneinander, aber nicht plötzlich, sondern allmählich. Mittendrin hat man oft das Gefühl, dass man feststeckt. Die weiteren Schritte wollen einfach nicht gelingen. Nach einiger Zeit geht es dann wieder ganz einfach weiter, und in der Rückschau erkennt man dann, dass die Zeit an einer bestimmten Stelle des Weges für den nächsten Schritt ganz einfach noch nicht reif gewesen war. Heute weiß ich, dass sich die Anstrengung, die dieser Weg mir bereitete, mehr als gelohnt hat. Wenn der Zug des Lebens in einen Bahnhof einfährt, dann muss man eben umsteigen. *Sonst besteht die Gefahr, dass man auf ein Abstellgleis geschoben wird.*

Ein Pilgerweg beginnt mit einem Aufbruch. Am Anfang ahnt man nicht genau, wo man hingeht, das Ziel zeichnet sich nur schemenhaft am Horizont ab. Nur wer beharrlich auf dem Weg bleibt und durchhält, hat die Chance, das Ziel genauer zu erkennen und letztlich auch zu erreichen.

Der Ausstieg

Wien, im Sommer 1997

Es ist Freitagnachmittag. Ich sitze in meinem Büro und warte auf den Anruf aus dem Generalsekretariat, dass ich mich auf den Weg machen soll. Der Generaldirektor hatte das Gerücht gehört, dass sich sein Verkaufsleiter für ein Bundesland als Trainer selbstständig machen wolle. Ich wusste natürlich, dass er mit mir darüber reden wollte und versuchen würde, mir diesen Schritt auszureden. Für mich steht der Entschluss jedoch fest, und ich hoffe, dass wir in gutem Einvernehmen auseinandergehen werden. Ich sitze am Fenster, beobachte den Stau unten auf der Straße und warte einfach.

Ich lasse die sieben Jahre, die ich in diesem großen Versicherungskonzern verbrachte, noch einmal an mir vorüberziehen. Ich hatte es gut getroffen. Wenn man als unbeschriebenes Blatt in einem Unternehmen anfängt, muss man darauf hoffen, dass sich eine einflussreiche Führungskraft seiner annimmt und bereit ist, einen zu entwickeln und zu formen. Natürlich gehört zu diesem Prozess auch die Bereitschaft des Neulings, sich zu zeigen, aufzufallen und sich anzubieten.

Der Generaldirektor hatte von Anfang an ein wohlwollendes Auge auf mich gerichtet und immer wieder angedeutet, dass er mit mir noch einiges vorhat. Er förderte meine Entwicklung, indem er mir spezielle Aufgaben übertrug, deren Bewältigung mich reifen ließ. Er forderte aber auch meine Bereitschaft ein, mich in hohem Maße zu engagieren und jederzeit zur Verfügung zu stehen.

Mein Studium hatte mich sehr gut auf diesen Job vorbereitet. Nach manchen Irrwegen hatte ich mich an der Universität in Klagenfurt für die Studienkombination Pädagogik und Gruppendynamik eingeschrieben. Ich kann heute nicht mehr genau sagen, warum ich 1986 gerade dieses Studium angefangen habe. Ich bin als junger Mann da irgendwie hinein gestolpert und merkte dann aber bald, dass es für mich genau die richtige Ausbildung war. Vor allem die Gruppendynamik hatte es mir angetan. Die praktische Selbsterfahrung als Teilnehmer von Gruppen hat mir einen sehr guten Einblick in Gruppenprozesse gebracht. Diese Erkenntnisse haben mir später als Trainer in so mancher schwierigen Situation geholfen, den Durchblick zu bewahren. Manche Professoren in dieser Studienrichtung waren selbst international als Trainer unterwegs. Wir Studenten erhielten von ihnen eine sehr gute Einführung in „Designarbeit" (Aufbau von Seminaren) und „Interventionstechnik" (Umgang mit schwierigen Seminarsituationen). Praktische Seminare über bildungspsychologische Themen (z. B. Lernpsychologie) und praktische Anwendungen (z. B. Konfliktmanagement) rundeten die Ausbildung ab. Den Abschluss bildete ein kleiner Beratungsprozess in einem Unternehmen, unter der Anleitung eines Professors. Schon in der letzten Phase des Studiums schickte ich mehrere Bewerbungen als „Personalentwickler" an verschiedene Unternehmen. Und bald war klar, dass ich zum 1. Juli 1990 in der Personalentwicklung der größten österreichischen Versicherung arbeiten würde.

Wenn man sich dafür entscheidet, das Leben als Pilgerweg zu sehen, der einem Ziel entgegen strebt, versteht man im Nachhinein die Bedeutung der einzelnen Stationen viel besser. Man erkennt dann plötzlich, dass die einzelnen Ereignisse und Phasen eines Lebens nicht zufällig passieren, sondern dass sie Meilensteine sind auf dem Weg, einen Auftrag zu erfüllen, der für den einzelnen Menschen vorgesehen ist. Natürlich kann man sich immer frei entscheiden, einen Auftrag nicht anzunehmen oder einfach nicht an sich heranzulassen. Wenn man aber voller Freude den ersten Schritt geht, merkt man sehr schnell, wie sich immer mehr Türen fast von selbst auftun, auch wenn man zu Beginn das Ziel des Weges und die Details des Auftrags nicht absehen kann.

Ich hatte damals noch keine Vorstellung davon, dass ich eines Tages die Ordnung der Benediktiner in die Verkaufsprozesse von Unternehmen einführen würde. Das musste erst ganz langsam wachsen und sich von Schritt zu Schritt ergeben. Damals spürte ich nur den brennenden Wunsch, sprichwörtlich „unterwegs" zu sein – von einem Ort zum anderen und von einem Seminarhotel zum nächsten. Ich wollte den Menschen beistehen, ihren Job möglichst einfach und erfolgreich zu tun.

Die ersten vier Jahre verbrachte ich in der Bildungsabteilung des Unternehmens. Ich erkannte schnell, dass mich Verkaufstrainings am meisten interessieren, weil das die praktischste Arbeit im Rahmen der Tätigkeit eines Personalentwicklers ist. Weil dieses Feld noch ziemlich unbewirtschaftet war, hatte auch niemand etwas dagegen, dass ich mich intensiv mit der Weiterentwicklung der bestehenden Seminare für Verkäufer und der Einführung neuer, möglichst praxisbezogener Seminare beschäftigte.

Ich bereiste das ganze Land, interviewte Verkäufer, führte Verkaufsseminare durch. Die Erkenntnisse waren für mich ziemlich erschreckend: Im Verkauf schien vieles beliebig und zufällig zu passieren. Es gab keine klare Vorstellung dessen, was erfolgreiches Verkaufen und Führen bedeutet. Wichtige Fragen wurden nicht hinreichend beantwortet: Wie gestaltet man eine erfolgreiche Einarbeitung von Mitarbeitern? Wie läuft ein erfolgreiches Verkaufsgespräch ab? Was sind die Grundelemente einer effizienten Führung von Verkäufern?

Bei der intensiven Beschäftigung mit diesen Themen und der Ausarbeitung und Umsetzung entsprechender Konzepte wurden erste kleine Erfolge erzielt. Das positive Feedback drang langsam auch bis in die Vorstandsetage vor und brachte mir schließlich die Berufung zum Assistenten des Vertriebsvorstands. An dieser Stelle war ich bald für ein Projekt zur Förderung der Professionalisierung von Verkaufs- und Führungsprozessen zuständig.

Gemeinsam mit zwei externen Trainern und ausgewählten Führungskräften und Verkäufern bildeten wir eine Projektgruppe und nannten das Projekt „Profischmiede". Für die Umsetzung wurden drei Regionen ausgewählt. Die Verkäufer erhielten ein Verkaufstraining und ein Seminar zum Thema Eigenorganisation. Ich selbst coachte die Führungskräfte dieser Regionen. Das Projekt stand unter besonderer Beobachtung des Vorstands, der sich auch selbst immer wieder in den Regionen zeigte. Die hausinterne Presse berichtete regelmäßig darüber, und so langsam hatten die betroffenen Verkäufer das Gefühl, dass sie ausgewählt worden waren, um an einem wichtigen Entwicklungsschritt im Unternehmen teilzunehmen. Sie zeigten Bereitschaft, sich besonders einzusetzen und die Seminarinhalte sowie die Vereinbarungen aus den Führungs- und Coaching-Gesprächen umzusetzen. Schritt für Schritt wurde in den ausgewählten Regionen tatsächlich so etwas wie eine Ordnung eingeführt, und die Umsätze gingen schlagartig nach oben.

Diese Erfolge haben mir dann den nächsten Karriereschritt eingebracht: Von 1995 bis 1997 war ich Verkaufsleiter für das Bundesland Niederösterreich und verantwortlich für 300 Verkäufer und mehr als 20 Führungskräfte. Ich erkannte rasch, dass diese Aufgabe alles andere als leicht war. Es gab seit Jahren eingefahrene Strukturen. Das Verharren in der eigenen Bequemlichkeit und die Ablehnung von Entwicklungsschritten waren an der Tagesordnung. Nur langsam merkten dann doch mehr und mehr Mitarbeiter, dass ich ihnen mit der Klärung der Prozesse und der Einführung einer Ordnung im Vertrieb nichts Böses wollte. Und als ein paar arrivierte Verkäufer ihre Ergebnisse durch die Ordnung ihrer Abläufe deutlich verbessern konnten, hatte ich plötzlich Mitarbeiter, die diesen Weg mitgehen wollten und auch ein paar andere mitzogen. Die Ergebnisse konnten sich sehen lassen. Die Landesdirektion verbesserte sich vor allem in den Personenversicherungen so deutlich, dass viele meiner Leute im Ranking der Mitarbeiter des gesamten Unternehmens ganz oben standen.

Ich hatte gelernt, beharrlich an Ideen dranzubleiben; Menschen dafür zu gewinnen und mit Widerständen aus den eigenen Reihen produktiv umzugehen. Ich hatte gemeinsam mit meinen Mitarbeitern Ziele für meinen Vertrieb geplant und praktisch umgesetzt. Und aus den Tätigkeiten in den ersten Jahren im Unternehmen hatte ich gelernt, Verkaufs- und Führungsseminare zu entwickeln und durchzuführen. Es war also höchste Zeit, mich als Trainer und Coach selbstständig zu machen.

Ich sehe immer noch hinab auf die Straße und beobachte den Verkehr. Nichts geht mehr, stop and go. Wie jeden Freitag um diese Zeit hält die Stadt den Atem an. Ich habe das Gefühl, dass in diesem Augenblick ein Lebensabschnitt für mich zu Ende geht. Ich bin aufgeregt in Erwartung des Gesprächs mit dem Generaldirektor und kann mich auf nichts anderes konzentrieren. Endlich läutet das Telefon. Höchste Zeit zu gehen.

Der Generaldirektor empfängt mich mit seinem gewinnenden Lächeln. Er scheint sich vorgenommen zu haben, mich umzustimmen, und ist sich seiner Sache wohl auch sicher. Bis jetzt konnte er sich immer darauf verlassen, dass ich seinen Wünschen Folge leisten würde. Er gibt in seinem Sekretariat bekannt, dass er während des Gesprächs mit mir keine Störung wünsche. Ich empfinde diese Ansage als Wertschätzung und habe ein bisschen Angst davor, dass ich doch noch umfallen könnte.

Der Generaldirektor beginnt das Gespräch mit der Bemerkung, ihm sei zu Ohren gekommen, dass ich mich selbständig machen wolle. Ich bestätige diese Tatsache und erkläre ihm ausführlich meine Beweggründe. Er hört ruhig zu. Dann redet er mir ins Gewissen und erzählt von dem Risiko, das ein solcher Schritt für mich bedeuten würde. „Sie haben doch Familie und verdienen hier sehr gut!" Dann führt er an, dass es mir doch in diesem Unternehmen sehr gut gefiele und auch das Unternehmen an mir großen Gefallen fände. Zum Schluss spielt er noch seine Trumpfkarte aus und erzählt mir von dem großen Karriereschritt, den er in etwa zwei Jahren für mich vorgesehen habe. Das wäre in der Tat ein sehr gutes Angebot gewesen. Nein, ich spüre es wieder ganz deutlich, mein Weg geht tatsächlich in eine ganz andere Richtung. Ich bleibe bei meiner Entscheidung. Der Generaldirektor ist verärgert, nimmt sich aber noch Zeit, die Situation mit mir weiter aufzuarbeiten. Schließlich endet das Gespräch versöhnlich, und der Generaldirektor sollte später zu meinen ersten Auftraggebern als freier Trainer zählen. Ich verabschiede mich, bedanke mich für die gute Ausbildung, die ich in diesem Unternehmen genießen durfte, gehe hinaus und bin selbstständig.

Für Top-Führungskräfte gibt es wohl nur die eine Form des Glücks, die darin besteht, auf der Karriereleiter Stufe um Stufe hinaufzuklettern. Da fehlt dann oft das Verständnis, wenn jemand so gar nicht danach strebt. Für mich war die Verkaufsleitung eines so großen Gebietes die höchste Karrierestufe, die für mich passte. Auf dieser Stufe hat man wenigstens noch etwa die Hälfte seiner Arbeitszeit mit praktischen Verkaufs- und Führungsprozessen zu tun und mit echten Menschen, die man führen und bewegen kann. Ich entschied mich also, auf mein Herz zu hören, und machte mich auf den Weg.

Ein neuer Weg beginnt

Klagenfurt, im Januar 2013

Ich sitze in meinem Büro. Auf dem Tisch liegen die vier Bücher, die ich in den letzten zehn Jahren geschrieben habe. Jedes hat seine eigene Geschichte, und doch gehören sie alle zusammen, weil sie einen Entwicklungsprozess als Trainer und Coach nachzeichnen, der nun schon seit über 15 Jahren andauert. Es sind sehr praktische Bücher geworden, die von vielen Erkenntnissen aus 1500 Trainertagen berichten und Tools anbieten, die sich im Laufe der Jahre während des Einsatzes in den Seminaren immer weiterentwickelt haben. Für die praktische didaktische Vermittlung sind dabei einige Inputs entstanden, die ich auch heute noch immer wieder einsetze, weil sie sich in der Praxis sehr bewährt haben.

Auf den folgenden Seiten können auch Sie den Prozess nachvollziehen, der letztendlich zum „Sales Coaching by Benedict" geführt hat. Es hat sich vieles von selbst gefügt, und oft genug habe ich einen Entwicklungsschritt erst im Nachhinein verstanden. Am Anfang war für mich nur klar, dass ich aufbrechen wollte zu einem Weg, der mich faszinierte und der trotzdem immer wieder Fragen offen ließ, die ich erst jetzt beantworten kann, da sich alles nun wirklich zusammenfügt.

Ich bin auf diesem Weg nie stehen geblieben und habe immer eine neue Herausforderungen gesucht. Ich hätte es mir wahrscheinlich viel leichter machen können. Meine Verkaufsseminare waren ja bald am Markt gut eingeführt, und ich könnte heute noch gut davon leben, wenn ich dabei geblieben wäre. Aber da war eben noch etwas, das mich nicht ruhen ließ und immer wieder zu neuen Aufbrüchen drängte.

Somit stand ich immer wieder vor der Aufgabe, Bewährtes zu verlassen und unbekannte Wege zu beschreiten. Damit ist ein sehr großer Energieaufwand verbunden. Andererseits entsteht aber auch sehr viel Glück und Zufriedenheit, wenn ein neues Konzept aufgeht. Heute bin ich sehr dankbar für die gute Führung, die mir auf meinem Weg mitgegeben wurde. Letztendlich haben sich die Konzepte immer durchgesetzt, und damit ist es auch gelungen, Verkaufs- und Führungsprozesse weiterzuentwickeln und vielleicht auch ein bisschen Geschichte zu schreiben.

Ein Scheitern habe ich übrigens nie einkalkuliert. Ich habe diesen Weg angefangen und will ihn auch zu Ende gehen. Ein Pilgerweg erfordert Mut zum Aufbruch, Beharrlichkeit und die Anpassungsfähigkeit, ungewohnte und ungewöhnliche Situationen zu meistern. Der Begriff „Pilgerweg" wird ja normalerweise für Wanderungen zu sakralen Stätten verwendet – Jerusalem, Rom, Santiago de Compostela. Ich bin aber überzeugt davon, dass jeder Weg, den man bewusst geht, ein Pilgerweg ist, der den Menschen in seiner Entwicklung ein Stück weiter und seiner Bestimmung näher bringt. Ich habe das Gefühl, dass die Bezeichnung „Pilgerweg" für meinen Weg sehr gut passt.

Ich lade Sie, liebe Leserinnen und Leser nun ein, sich die einzelnen Stationen des Weges gemeinsam etwas genauer anzusehen. Vielleicht entdecken Sie an der einen oder anderen Stelle auch Ähnlichkeiten mit Ihrer eigenen Entwicklung.

Auf dem Weg zum Profi im Verkauf

Wie verkauft man ein Verkaufsseminar? Wie fängt man ein gutes Verkaufsseminar an? Wie gelingt es, die Teilnehmer von Anfang an mit auf die Reise zu nehmen? Was sind die Inhalte, die Verkäufer treffen und bewegen? Wie lassen sich diese am besten vermitteln? Fragen über Fragen, die mich am Anfang sehr beschäftigt haben und durch so manche meiner Nächte gegeistert sind.

Mein Büro in einer Bürogemeinschaft in Klosterneuburg war eingerichtet. Alles stand an seinem Platz. Ich hatte einen wunderbaren Ausblick auf das Stift Klosterneuburg. Mein Zimmer war sehr klein, aber ich hatte im Haus alles, was ich benötigte.

Ich kam aus dem Bereich der Versicherung, und da wollte ich vorerst auch bleiben. Meine erste Aktivität bestand also darin, über Wegbegleiter Kontakte zu Führungskräften anderer Versicherungsgesellschaften zu knüpfen und Termine für die Präsentation meiner Firma zu vereinbaren. Meine Vergangenheit als Verkaufsleiter erleichterte mir den Eintritt bei Neukunden erheblich. Ich hatte bei allen Gesprächen die Ergebnisse dabei, die meine Mitarbeiter und ich in den letzten drei Jahren erwirtschaftet hatten. Das hat so manchen potenziellen Neukunden dazu bewogen, tiefer in das Gespräch mit mir einzusteigen. Außerdem hatte ich mir im Vorfeld einen Seminarablauf für ein Produkt zurechtgelegt, das in Österreich damals und heute jeder verkaufen will: *Personensparten*. Dazu gehören in Österreich die Lebensversicherung, Rentenvorsorge sowie die Unfall- und Krankenvorsorge. Im Bereich der Sachversicherungen gab es damals schon einen starken Wettbewerb, der vor allem über den Preis ausgetragen wurde. Darauf wollte ich mich nicht einlassen. Das erste Seminar, das ich aktiv anbot, hieß demnach „Personensparten erfolgreich verkaufen" und traf genau das Thema, an dem viele Verkaufsleiter gerade arbeiteten.

Der erste Auftrag war geschrieben. Ich saß danach in einem Kaffeehaus und freute mich zwar über den Auftrag, zugleich ließ ich aber das Gespräch kritisch an mir vorüberziehen. Ich hatte den Kunden „überredet". Ich hatte meine Unterlagen sehr gut präsentiert, der Kunde war aber eindeutig zu wenig zu Wort gekommen. Ich erzählte davon, dass ich den Verkäufern die richtigen Fragen für den Verkauf von Personensparten beibringen will, habe aber selbst in diesem Gespräch viel zu wenige Fragen gestellt. Ich beschloss, diese Vorgehensweise radikal zu ändern.

Zuerst legte ich den Stapel mit meiner Unternehmenspräsentation in den hintersten Winkel meines Regals. Dann legte ich mir Fragen zurecht, die ich von nun an in jedem Verkaufsgespräch stellen wollte, wie beispielsweise:

- Was hat Sie veranlasst, mit mir einen Termin zu vereinbaren?

- Was erwarten Sie von einem guten Verkaufsseminar?

- Was soll auf jeden Fall darin vorkommen?

Von da an nahm der Redeanteil der Kunden in den Verkaufsgesprächen ständig zu. Ich hatte immer mehr Spaß daran, Fragen zu stellen, die Antwort des Kunden abzuwarten und zu beobachten, wie sich der Kunde das Seminar selbst verkaufte. Glücklicherweise hatte ich diese Erkenntnis noch vor meinem ersten Seminar, weil für mich damit klar war: Ich wollte im Verkaufsseminar vor allem der Fragensteller sein, der die Teilnehmer dazu bringt, selbst Lösungen zu finden und Entwicklungsschritte zu erkennen.

Seit damals stelle ich zu Beginn eines Verkaufsseminares die folgenden drei Fragen:

- Wie sehr macht Ihnen Ihr Job Spaß?

- Wie groß schätzen Sie die Marktchancen ein?

- Wie gut haben Sie diese Chancen bisher genutzt?

Ich gebe jedem Teilnehmer drei Moderationspunkte und lasse sie die Punkte auf einer Skala zwischen 1 und 10 ankleben. Die Ergebnisse der Punktabfragen haben sich im Laufe der Zeit kaum verändert. Der Job macht den Menschen im Großen und Ganzen Spaß, die Marktchancen werden immer noch als gut eingeschätzt, doch was die Nutzung der Marktchancen betrifft, gibt es anscheinend immer wieder Aufholbedarf.

Mit dieser Punktabfrage öffnen sich die Menschen erfahrungsgemäß für die Inhalte des Seminars. Sie wollen ja die Marktchancen mehr nutzen, und wenn dies, wie der Trainer verspricht, durch eine einfache Umstellung zu einer systematischeren Arbeitsweise geht, dann will man sich das Weitere zumindest einmal wohlwollend ansehen. Entscheidend ist dabei, dass die Menschen mit dieser Punktabfrage das Problem selbst erkennen.

Ein weiteres Element, das für mich unbedingt zur Seminartätigkeit dazugehört, ist der Umgang mit der roten Linie. Das ist jene Entwicklungsgrenze, an der wir uns immer wieder entscheiden, ob wir weiterkommen wollen oder nicht. Das leuchtet den Menschen rasch ein, und bei der Frage, warum es oft so schwer fällt, die rote Linie zu überschreiten, sind wir uns auch schnell einig: weil dafür die Technik fehlt. Kaum jemand beherrscht die Fragen, die beim Kunden ein Kaufmotiv erzeugen, so gut, dass sie für ihn auch unter Stress beim Kunden abrufbar sind. Das gilt natürlich auch für die fertigen Sätze bei der Telefonakquise, in der Einwandbehandlung oder auch für die Abschlussphase.

Ein guter Verkaufsprozess steht und fällt mit der richtigen Fragetechnik. Verkäufer müssen lernen, in Fragen zu denken, und müssen sich darin üben, nach den Fragen die Pausen abzuwarten, bis der Kunde spricht. Diese Pausen dauern ja normalerweise nur ein paar Sekunden. Wenn die Pause aber nicht abgewartet wird, verliert die Frage schnell an Wirkung. Dies ist besonders im Abschlussprozess fatal, wenn nach der Abschlussfrage nicht abgewartet wird, bis der Kunde antwortet. Dann beginnt ein Prozess, der eigentlich schon abgeschlossen war, wieder von vorne. Wer Fragen stellt, der fährt automatisch seinen Redeanteil zurück und bringt den Kunden dazu, nachzudenken und seine Motive selbst herauszuarbeiten. *Die Entwicklung vom „Produktzusteller" zum „Fragensteller" ist auch heute noch die größte Herausforderung bei der Arbeit mit Verkäufern.*

Die Entwicklung der Trainerrolle

Meine Rolle als Trainer hatte ich damals noch zu kameradschaftlich angelegt. Der Spaßfaktor in den Seminaren überwog gegenüber den ernsten Entwicklungsprozessen mit den Teilnehmern, auf die ich mich vorerst nur zögerlich einließ. Ein Grund dafür lag sicher darin, dass ich für weitere Aufträge vom Feedback der Teilnehmer abhängig war. Meine Auftraggeber waren ja nicht persönlich in die Seminare eingebunden und wussten oft gar nicht so recht, was dort passierte. Sie hatten ihren Mitarbeitern ein Verkaufsseminar ermöglicht, und wollten, dass sie motiviert zurückkehrten. Die Rückmeldungen, die sie bei den Teilnehmern abholten, zielten mehr auf die Stimmung in den Seminaren als auf die inhaltlichen Fortschritte. Außerdem hatte ich zu manchen abwehrenden Äußerungen der Teilnehmer noch nicht die richtigen Entgegnungen parat und scheute mich davor, solche Äußerungen durch meine Aktivität im Seminarraum hervorzurufen. Erst im Laufe der Jahre hatte ich zunehmend mehr Fragen im Gepäck, die die Menschen trafen, aber auch nicht verletzten. Mein Mut, solche Fragen einzusetzen, wuchs. Je mehr ich diese Fragen einsetzte, desto öfter gelang es mir dann auch, das Ziel zu erreichen, das mir vorschwebte: Entwicklungsprozesse einzuleiten.

Drei Jahre lang war ich ausschließlich mit den Verkaufsseminaren unterwegs. Verkäufer sind überwiegend sehr kommunikative Typen, und wir hatten gemeinsam auch viel Spaß in den Seminaren. Die wichtigsten Inputs standen außer Frage. Die Verkäufer hatten ihre eigenen roten Linien erkannt und Strategien kennen gelernt, diese zu überschreiten. Sie hatten für alle Phasen des Verkaufsgesprächs die richtigen Fragen erlernt, trainiert und ausgehändigt bekommen. Sie hatten die Macht der Frage und die Wirkung der Pause erkannt. Aber war das wirklich genug?

Mit dem Inhalt und Ablauf der Verkaufsseminare war ich zunehmend zufrieden. Was allerdings die Umsetzung des Gelernten in der Praxis einschränkte, war, dass die Teilnehmer von ihren Führungskräften nicht entsprechend abgeholt wurden. Da fühlte sich niemand verantwortlich dafür, die erlernten Fragen mit den Seminarteilnehmern weiter zu trainieren und den angefangenen Entwicklungsprozess weiter gezielt zu fördern. Dieser Umstand lag nicht am Unwillen der Beteiligten, es lag an der fehlenden Ordnung in den Führungsprozessen der Unternehmen. Die Seminare fanden irgendwie außerhalb der Unternehmensprozesse statt und waren kaum in den alltäglichen Führungsprozess eingebettet. Damals dachte ich zum ersten Mal daran, dass man ein Ordnungsmuster finden müsse, mit dem man klar und verbindlich Prozesse und Abläufe festlegen und Inhalte definieren konnte. Ich spürte auch die Sehnsucht der Teilnehmer nach einem Ordnungsmuster und hätte gerne eines angeboten, wusste aber zu diesem Zeitpunkt noch nicht, wo ich es hernehmen sollte. Die Benediktsregel war mir damals noch nicht einmal bekannt.

Die Ordnung musste also noch warten, die Arbeit mit den Führungskräften der Verkäufer ließ sich aber nicht aufschieben, wenn man Verkaufsprozesse langfristig verändern wollte. So entwickelte ich das erste Führungsseminar.

Führen im Vertrieb

Nun ging es also erstmals um die Führungskräfte.

Die Teilnehmer dieser Seminare waren meist Menschen, die unmittelbar Verkäufer führten. Entweder waren sie selbst im Verkauf und führten sozusagen als „Spielertrainer" eine kleine Gruppe von Personen, oder sie waren hauptberuflich Führungskraft und für die Ergebnisse einer Verkäufergruppe von ungefähr 15 Personen verantwortlich.

Ich hielt mich an den bewährten Ablauf der Verkaufsseminare und stellte auch in den Führungsseminaren drei Fragen zu Beginn:

■ Wie sehr macht Ihnen Ihr Job Spaß?

■ Wie groß schätzen Sie die Chancen ein, Menschen zu bewegen?

■ Wie gut haben Sie diese Chancen bisher genutzt?

Ich verteilte Moderationspunkte und bat die Teilnehmer, ihre Einschätzungen auf einer Skala von 0 bis 10 abzugeben. Die Ergebnisse waren zum Teil niederschmetternd. Die Mehrheit der Teilnehmer pendelte sich um die Mittelwerte ein. Wie soll man Menschen bewegen, wenn man nicht davon überzeugt ist, dass es geht? Die Diskussion im Anschluss ging immer in die Richtung, dass man eigentlich nicht wusste, wie Führen im Vertrieb geht. Als Führungskraft ist man ja von den Ergebnissen der Verkäufer abhängig. Was würde passieren, wenn man einen Verkäufer, der wesentlich mehr Potenzial hat, fordert? Zieht er sich dann zurück und macht eine Zeitlang gar nichts mehr? Wozu sollte man mit Verkäufern Vereinbarungen treffen, wenn man bei Nichterfüllung keine Konsequenzen setzten darf oder Angst haben muss, von der nächsthöheren Führungskraft ausgebremst zu werden, wenn man das tut?

Führungskräfte präsentierten sich eher als Kümmerer, Förderer, vielleicht auch Helfer, aber eben nicht als Führungskraft. Führungskraft ist jemand, der einem anderen Fragen stellt, die weh tun, und der es schafft, nach diesen Fragen eine Pause abzuwarten. Es gelang, die Teilnehmer von diesem Ansatz zu überzeugen.

Im nächsten Schritt haben wir typische Führungssituationen aufgelistet und uns gemeinsam die richtigen Fragen überlegt, die den Mitarbeiter auf die richtige Fährte bringen würden. Je mehr Führungsseminare ich machte, desto zielgerichteter wurden die Fragen, die wir gemeinsam ausarbeiteten und trainierten. In den Übungsgesprächen zeichnete sich die Struktur eines kurzen und knackigen Führungsgespräches immer deutlicher ab. Das Spektrum der Führungssituationen, die die Teilnehmer in den Übungsgesprächen auswählten, wurde immer breiter, sodass ich bald genug Material hatte, den nächsten Entwicklungsschritt zu gehen.

Ein Schwerpunkt meiner Seminare waren immer konkrete Übungen. Sowohl im Verkaufsseminar als auch im Führungsseminar nahmen wir uns die Hälfte der Zeit dafür, Gespräche zu üben. Diese Gespräche wurden mit der Videokamera aufgezeichnet und später gemeinsam analysiert. So gelang es, nicht nur im theoretischen Ansatz zu bleiben, sondern die Inhalte selbst zu erproben und das eigene Erlebnis dabei zu analysieren.

Die Entwicklung der Trainerrolle

In dieser Zeit arbeitete ich daran, meine Rolle als Trainer so anzulegen, dass die Menschen in den Seminaren stärker gefordert würden. Ich wollte den Führungskräften durch mein Handeln ein Beispiel geben, wie ein erfolgreicher Führungsprozess ablaufen kann. Ich legte mir eine Reihe von „gemeinen" Fragen zurecht und begann damit, den Teilnehmern diese Fragen gleich zu Beginn des Seminars zu stellen:

– „Herr X, wann ist Ihnen aufgefallen, dass Herr Y hinter den Planzahlen zurückliegt? ... Wann werden Sie etwas dagegen tun?"

– „Herr X, wie lange wollen Sie Herrn Y noch dabei zusehen, dass er sich nicht entwickelt?"

– „Herr X, was halten Sie von einer Führungskraft, die Unternehmensziele nicht umsetzt?"

Zu Beginn fiel es mir schwer, die Pausen nach den Fragen abzuwarten, ich zwang mich aber dazu, weil ich ein gutes Vorbild abgeben wollte. Bald merkte ich, dass man mit einem Lächeln im Gesicht auch die „gemeinsten" Fragen stellen kann und dass einem die Teilnehmer das gar nicht übel nehmen. Ich hatte zunehmend das Gefühl, dass die Menschen dankbar dafür waren, dass endlich jemand durch gezielte Fragen Entwicklungspotenziale aufzeigte. Man musste sich ja auch nicht besonders bloßgestellt fühlen, denn die Frage, die einem selbst gestellt worden ist, hätte ja genauso gut zum mangelnden Führungsverhalten des Sitznachbarn gepasst.

Ich bewegte mich zu der Zeit noch immer in kleineren Führungsstrukturen. Oft gelang es, in einzelnen Regionen eines Unternehmens Führungsprozesse zu konkretisieren. Ich hatte auch Kontakte zu Vorständen, die meine Arbeit wohlwollend beobachteten und mich hin und wieder zu Gesprächen ein-

luden. Eine vom Verkaufsvorstand ausgehende Schaffung einer Grundordnung der Verkaufs- und Führungsprozesse für ein gesamtes Unternehmen
konnte ich aber damals noch nicht erreichen. So blieb es immer bei regionalen Erfolgen, die aber dann auch wieder verpufften, weil die Abläufe im
Unternehmen nicht so geordnet waren, dass jemand sich für die Erhaltung
und Umsetzung der in einer Region erprobten Ordnung verantwortlich
gefühlt hätte. In mir reifte die Erkenntnis, dass man ganz oben im Unternehmen Einsicht und Bereitschaft zu nachhaltiger Veränderung erzeugen
muss, wenn man nicht nur in Nischen erfolgreich sein will.

Das 15-Minuten-Zielgespräch

Zu der Zeit, als sich die Entwicklung eines kurzen, effizienten Zielgesprächs
abzeichnete, streckte ich meine Fühler nach Deutschland aus. Meine ersten
beiden Bücher waren erschienen, und das Interesse von deutschen Kunden
an meinen Seminaren begann sich zu entwickeln. Mein erster Kunde war
Gebietsdirektor eines Finanzdienstleisters, Herr P., auf den ich gekommen
war, weil mein Verlag mir gemeldet hatte, dass er eine große Anzahl meines
Verkaufsbuchs für seine Mitarbeiter erworben hatte. Ich rief ihn an und wir
vereinbarten, uns zu treffen. Damit begann ein gemeinsamer Weg, auf dem
wir heute noch unterwegs sind.

Der Kontakt mit Herrn P. war für mich ein echter Glücksfall. Er selbst war
aus dem Verkauf gekommen und hatte sich bis zum Gebietsdirektor hinauf-
gearbeitet. Bald wurde er Leiter einer größeren Vertriebsregion und schließlich Vertriebsvorstand. Herr P. ist ein Mensch, der das Verkaufen und das
Führen von Grund auf erlernt hatte und sehr früh erkannt hat, dass ein
geordnetes Vertriebssystem zwangsläufig erfolgreich ist. Er sah in mir den
externen Partner, der ihm bei seinem Vorhaben, seinen Verantwortungsbe-
reich zu ordnen, helfen könnte. Wir vereinbarten eine große Zahl von Seminaren mit seinen Mitarbeitern. Ich konnte die Stärken und Entwicklungsfelder seiner Mitarbeiter genau studieren und entsprechende Tools für die
Seminare entwickeln und erproben.

Bei der Akquise von Neukunden legte ich von da an großen Wert darauf,
die Vorstände von Vertriebsstrukturen als direkte Ansprechpartner und

Auftraggeber zu gewinnen. Mein Standing in den Seminaren war damit plötzlich ein ganz anderes, weil die Teilnehmer ja wussten, dass der oberste Chef voll und ganz zu meinen Aktivitäten stand und sich durch meine Seminare ganz konkrete Veränderungen erwartete. Das Führungsgespräch wurde viele Male zu den unterschiedlichsten Ausgangslagen erprobt. Die Fragen, die die Mitarbeiter treffen, aber nicht verletzen sollten, wurden immer mehr verfeinert und in der Wirkung verbessert. Auf Grund der starken Nachfrage hatte ich die Seminare auf Eintagesveranstaltungen reduziert und erkannte, dass die zur Verfügung stehende Zeit mit einem straffen Zeitmanagement absolut ausreichte. Das Seminar-Design war genau geplant, und es kam vor, dass ich an diesem Tag um 14:30 in Bonn genau denselben Satz sagte wie am Vortag zur selben Zeit in Köln. Damit hatte ich wenigstens die Ordnung für den Ablauf meiner Seminare gefunden, wenn auch die Übertragung der Ordnung auf die Vertriebsstrukturen immer noch schleppend vor sich ging.

Bald stellten wir gemeinsam mit den Teilnehmern fest, dass es nur in etwa eine Viertelstunde braucht, um ein komplettes Entwicklungsgespräch mit einem Mitarbeiter durchzuführen, wenn man nur ein Entwicklungsthema anspricht wie z. B. das Thema Empfehlungsnahme. Irgendwie ist dann der Name für das Kind entstanden, und ich begann, das gleichnamige Buch zu schreiben: „Das-15-Minuten-Zielgespräch".

Die Teilnehmer waren von den Seminaren begeistert. Die zahlreichen Emails nach den Seminaren zeigten mir, dass die Menschen tatsächlich vieles umgesetzt hatten und damit erfolgreich waren. Die Themen rote Linie, Fragen und Pausen, die Struktur des Führungs- und Verkaufsgespräch waren eingeführt und von den Teilnehmern übernommen worden.

Die Entwicklung der Trainerrolle

Auf meine Entwicklung als Trainer hatten die drei Jahre intensiver Tour mit dem 15-Minuten-Zielgepräch natürlich einen sehr großen Einfluss. Ich konnte mich auf ein fertiges Produkt im Gepäck, das als äußerst realitätsnah und wirkungsvoll beschrieben wurde, verlassen, und musste mich nun nicht mehr so sehr um den Ablauf der Seminare sorgen. Ich konnte mich immer mehr auf den Prozess mit der Gruppe einlassen und konkreter in der Führung der einzelnen Teilnehmer werden. Wahrscheinlich war das auch die Zeit in meinem Leben, in der ich zum ersten Mal echte Führungsarbeit geleistet habe. Die richtigen Fragen zu stellen fiel mir immer leichter, weil ich ja schon viele Male die Erfahrung gemacht hatte, dass Menschen daran nicht zerbrechen, sondern dass damit Entwicklungsprozesse eingeleitet werden. Die Einwände der Teilnehmer waren im Großen und Ganzen auch immer dieselben, sodass ich mir im Laufe der Zeit die passenden Entgegnungen überlegen konnte, um beim nächsten Anlass davon Gebrauch zu machen.

Ich erlebte an mir selbst, wie lange es braucht, um als Führungskraft zu reifen. Man muss sehr gute Fragen entwickelt und eingesetzt haben. Man muss viele Male seine eigene rote Linie überschritten haben, um schließlich gelassen vor einer Seminargruppe stehen zu können und zu wissen, dass man an diesem Tag viele Entwicklungsprozesse ermöglichen wird. Außerdem hatte ich gelernt, mich zurückzunehmen und meine Seminare in Demut und Achtung meiner Teilnehmer anzugehen. Der Ablauf der Seminare hatte sich mit der Zeit quasi von selbst ergeben und stand mir nun in bewährter und standardisierter Form zur Verfügung. Ich hatte meine Ordnung gefunden. War ich nun endlich angekommen?

Bald stand dann mit ausgewählten Teilnehmern eine weitere Seminarrunde zur Auffrischung der Themen an. Neben meine Freude darüber, dass wirklich einiges umgesetzt wurde, sah ich mit Staunen, wie viel auch wieder vergessen worden war oder einfach im Stress des Tagesgeschäftes nicht verwirklicht wurde. Wir hatten also noch immer keine Ordnung eingeführt, die nachhaltig gewirkt hätte.

Führen und verkaufen mit der Kraft der Ordnung

St. Lambrecht, Dezember 2008

Eigentlich war ich nur auf der Suche nach einem Seminar für gestresste Manager, um meine Batterien wieder aufzuladen. Die Fügung schickte mich in ein Benediktinerkloster in Österreich, zu dem Seminar „Einkehr und Verwandlung". Bis dahin hatte ich mit Klöstern gar nichts am Hut und war schon sehr gespannt, was mich dort erwarten würde.

Der Abt des Klosters leitete das Seminar. Nach einem kurzen, freundlichen Blick in die Runde der Seminarteilnehmer sagte er fast beiläufig einen Satz, der mich elektrisiert aufhorchen ließ: *„Wir haben hier folgende Ordnung."* Dann ging er zum Flipchart und zeichnete die zeitliche Struktur des Seminars auf.

Da war sie also, die Ordnung. Die Ordnung der Benediktiner auf der einen Seite und die Unordnung im Vertrieb auf der anderen Seite. Mir war sofort klar, dass wir im Vertrieb von dieser Ordnung immens profitieren würden.

Bald machte ich mich dann mit der Benediktsregel vertraut. Natürlich war diese Regel im 6. Jahrhundert von Benedikt von Nursia in erster Linie dafür geschrieben worden, um das Zusammenleben in der klösterlichen Gemeinschaft zu regeln. Mir gefielen diese wohldurchdachten, praktischen Anleitungen, und ich erkannte, dass man diese Anleitungen auch ganz einfach dafür verwenden könnte, um Verkaufs- und Führungsprozesse in Unternehmen zu ordnen. Je mehr ich mich mit der Regel beschäftigte, desto mehr wunderte es mich, dass vor mir noch niemand auf die Idee gekommen war, die Inhalte für die Vertriebspraxis nutzbar zu machen. Dieser Schritt war eben offensichtlich Teil meines Auftrags und meines Pilgerweges.

Ich machte mich also daran, ein paar Aussagen der Regel auf den Vertrieb zu übertragen. „Dem Gottesdienst soll nichts vorgezogen werden", heißt es dort. Ja, wenn der Sinn eines sozialen Systems ist, Gott zu finden, dann darf man eben dem Gottesdienst nichts vorziehen. Wenn der Sinn eines sozialen Systems darin besteht, Produkte zu vertreiben, dann darf man eben dem Verkaufsgespräch nichts vorziehen. Das klingt einleuchtend, wird aber in der Praxis nicht so gelebt. Ich habe viele ähnliche Beispiele gefunden, systematisch zusammengestellt und in meinem Buch „Führen und verkaufen mit der Kraft der Ordnung" publiziert. Dieses Buch war für mich eine Art Testballon, mit dem ich die Leser auf vorsichtige Weise an das Thema heranführen wollte. Ich beschrieb ja immerhin einen Zusammenhang, der stark spirituell geprägt ist, und wusste noch nicht, wie der Markt darauf reagieren würde. Die Rückmeldungen der Leser waren und sind jedoch äußerst positiv. Ich hatte mit diesem Ansatz wohl die Herzen von vielen Menschen aus dem Vertrieb erreicht. Es gab auch mehrere Rückmeldungen von Managern, die selbst irgendwo in Österreich, Deutschland oder der Schweiz ihre Schulzeit in einem benediktinischen Gymnasium verbracht hatten und aus dieser

Zeit für sich sehr viel Positives hatten mitnehmen können. Von da an hatte ich bei meinen Seminaren und Coaching-Gesprächen immer die Benedikts-regel im Gepäck.

Ich vertiefte mich weiter in die Literatur rund um das Thema „Benedikt" und „Benediktiner". Zuerst befasste ich mich ausführlich mit dem Leben des Ordensgründers Benedikt von Nursia. Ich war überrascht, wie viel man über das Leben dieses Menschen in Erfahrung bringen konnte, und war erneut sehr angetan von seinen Führungsansätzen, die ich in der vertiefenden Er-forschung nun noch einmal neu für mich entdeckte. Dann verfolgte ich die Entstehung der Benediktsregel und die Ausbreitung der Benediktiner und damit der Benediktsregel im westlichen Europa. Dabei wurde mir klar, wie sehr das benediktinische Gedankengut unsere Kultur und damit natürlich auch die Wirtschaft geprägt hat. Außerdem fand ich zu den Themen Suche, Auswahl und Einarbeitung von Mitarbeitern wohldurchdachte und über 1500 Jahre bewährte Ansätze, sodass ich zur Überzeugung gelangte, dass es sich auszahlen würde, das Thema noch einmal neu und mit mehr Tiefgang anzugehen.

Sehr bestärkt hat mich auf diesem Weg ein Gespräch mit dem Abtprimas des Benediktinerordens Dr. Notker Wolf am Hauptsitz der Benediktiner in Rom im Sommer 2012. Ich werde von diesem Gespräch später noch ausführ-lich berichten. Notker Wolf war neugierig geworden auf den Vertriebstrai-ner, der mit der Benediktsregel arbeitet, und lud mich für ein paar Tage in sein Kloster Sant'Anselmo nach Rom ein. Dort diskutierten wir auch meine Idee, den Ansatz noch einmal zu verfeinern und als Marke registrieren zu lassen. Ich gelangte zunehmend zur Überzeugung, dass dieser völlig neuar-tige, praktische Ansatz sich auch eignen würde, international zu wirken. Als ersten Schritt in diese Richtung habe ich „Sales Coaching by Benedict" in dieser internationalen Schreibweise als Marke weltweit schützen lassen.

Die oben beschriebenen Entwicklungen haben natürlich auch mich als Per-son sehr verändert, genauso wie sich auch Auswirkungen auf das Privatle-ben meiner Seminarteilnehmer ergeben, wenn sie sich entscheiden, ihre beruflichen Aktivitäten zu ordnen. Die Ordnung ist plötzlich ein Begriff, der auch im Privatleben eine zunehmend größere Rolle spielt. Die Ordnung darf aber nicht für sich selbst stehen, sie kann nur ein helfendes Werkzeug dafür sein, dass die einem anvertrauten Menschen sich entwickeln können. Das oberste Prinzip muss immer die Liebe zu den Menschen sein, Barmherzigkeit geht über strenges Gericht, wie Benedikt sagt. Darüber hinaus wird für Menschen, die sich auf die Benediktsregel einlassen, der bewusste Umgang mit dem rechten Maß schnell zu einem hilfreichen Begleiter im täglichen Leben.

Die Entwicklung der Trainerrolle

Was meinen Beruf als Trainer und Coach betrifft, so hoffe ich nun endlich dort angekommen zu sein, wohin ich 1997 aufgebrochen bin, ohne dass ich damals das Ziel hätte beschreiben können. Da war nur eine tiefe Sehnsucht in mir, zu reifen und mich zu entwickeln und einen Auftrag anzunehmen, den ich nur erahnt hatte, aber nicht genau definieren konnte. Die Erfahrungen vieler Seminare ließen mich zu einer Trainerrolle finden, die ernst nimmt, hilft, die eigene Person nicht in den Mittelpunkt stellt, aber auch mutig Entwicklungsprozesse angeht.

Nun hoffe ich, dass ich möglichst viele Auftraggeber begeistern kann, auf diesem Weg mitzugehen. Ich weiß natürlich auch, dass ich mich mit diesem Ansatz weit aus dem Fenster lehne. Die bisherigen Erfahrungen beim Coaching mit der Benediktsregel geben mir aber das Vertrauen, dass ich genau auf dem richtigen Weg bin.

3. Kapitel: Benedikt von Nursia

Einleitung

Benedikt von Nursia ist eine der faszinierendsten Gestalten des Abendlandes. Sein Leben und Werk beeindrucken, er hat auch dem modernen Menschen von heute noch sehr viel zu sagen. Benedikt stellt sich selbst als Person nie in den Mittelpunkt, er weist in seinen Handlungen und Werken immer auf einen viel größeren hin, der vor ihm gewesen ist: Jesus von Nazareth.

Man kann Benedikt durchaus auch als einen Pionier des modernen Managements betrachten. Er hat mehrere mögliche Formen des Zusammenarbeitens erprobt, erforscht und aufgrund der gewonnenen Erfahrungen weiterentwickelt. Er kann auch als Pionier der praktischen Führungsarbeit bezeichnet werden, weil er sein Führungsmodell nicht nur selbst konsequent angewendet und weiterentwickelt hat, sondern seine Erfahrungen auch detailliert aufgeschrieben und damit der Nachwelt zugänglich gemacht hat. Dieses Werk ist als „Benediktsregel" in die Geschichte eingegangen, wir werden uns später noch genauer damit beschäftigen.

Das meiste, das wir über Benedikt von Nursia wissen, verdanken wir den Schriften des Papstes Gregor der Große, der in seinem *Buch der Dialoge* ein ausführliches Bild dieses Mannes zeichnete und sich damit als *Chronist* verdient machte. Gregor der Große wurde um ca. 540 n. Chr. in Rom geboren und verstarb dort im Jahre 604. Ihm war von Wundern berichtet worden, die sich im Leben des Benedikt abgespielt hatten. Er begann sich für das Leben dieses gesegneten Mannes zu interessieren, sammelte Aufzeichnungen und interviewte Zeitgenossen, die den heiligen Benedikt überlebt hatten. So entstand ein umfangreicher Bericht über das Leben des Benedikt von Nursia, der uns diese faszinierende Gestalt in vielen interessanten Facetten näher bringt.

Im Folgenden möchte ich die Stationen im Leben des Benedikt nachzeichnen und diese mit Kommentaren verbinden, wie wir heute als Verkäufer und Führungskraft, aber auch als Privatperson davon profitieren können.

Stationen im Leben des Benedikt

Nursia und Rom

Im kleinen Städtchen Nursia, etwa hundert Kilometer nordöstlich von Rom am Fuße des Apennin, wurde um die Jahre 480 bis 490 n. Chr. Benedikt von Nursia geboren. Seine Eltern gehörten einem angesehenen Geschlecht der Oberschicht an.

Benedikt und seine Schwester Scholastika wuchsen wohlbehütet im Umfeld der christlich geprägten Familie auf. Für den Sohn hatten die Eltern eine Beamtenlaufbahn vorgesehen. Sie schickten den jungen Mann zum Studium nach Rom, wo er sich in einer der Lateinschulen der Stadt auf eine Karriere in der Administration des Königreiches vorbereiten sollte. Zu dieser Zeit war Rom Teil des aufblühenden ostgotischen Königreichs, das von König Theoderich geführt wurde.

Wie es damals üblich war, gaben ihm seine Eltern seine Amme mit auf den Weg, die ihm in der ewigen Stadt die Hauswirtschaft erledigen sollte. Benedikt brach das Studium in Rom aber bald wieder ab. Warum er sich dazu entschloss, wissen wir nicht genau. Das studentische Leben im Rom dieser Zeit war vermutlich sehr turbulent, und mit der Moral stand es wohl auch nicht zum besten. Wenn man sich den weiteren Lebensweg von Benedikt ansieht, dann kann man sich sehr gut vorstellen, dass er einfach von den dortigen Zuständen angewidert war und die Stadt deshalb verließ. Der Chronist schreibt: *„Zur Ausbildung und Studium wurde er nach Rom geschickt. Dabei sah er viele in die Abgründe des Lasters fallen."*

Benedikt wollte also offenbar etwas anderes für sich finden als den Lärm und die Verlockungen einer Großstadt. Seinen weiteren Lebensweg als Mönch zu gehen, war für ihn wohl von Kindheit an eine Option gewesen. Und in der Zeit in Rom muss der Wunsch in ihm gereift sein, nun tatsächlich den ersten Schritt in diese Richtung zu tun. Benedikt hätte sich einer bestehenden Mönchsgemeinschaft anschließen können, es gab davon mehrere in Rom, aber auch in seiner Heimatstadt Nursia. Offenbar waren ihm diese Orte selbst hinter Klostermauern nicht einsam genug. So machte er sich mit seiner Amme auf den Weg nach Osten. Den Weg können wir heute noch nachzeichnen, er ist immerhin ca. 80 Kilometer lang. Benedikt durchstreifte zunächst die Hügellandschaft östlich von Rom bis zu dem kleinen Örtchen Tibur. Danach folgte er dem Lauf des Flusses Anio, bis er in die Berglandschaft von Effide kam. Dort hatte er wohl Mönche vermutet, denen er sich anschließen wollte.

Dann ereignete sich aber etwas, was seine Pläne durchkreuzte. Seiner Amme war ein von Nachbarinnen geborgtes Sieb vom Tisch gefallen und zerbrochen. Sie war sehr traurig darüber. Benedikt setzte sich mit ihr hin und wollte sie mit einem Ritual trösten, das ihm schon so oft in seinem Leben Trost gespendet hatte: er betete. In diesem Augenblick war das Sieb wieder unversehrt. Benedikt hatte sein erstes Wunder gewirkt. Die Nachricht von diesem Geschehen verbreitet sich in der Gegend und zog die Menschen an. Man sah in Benedikt einen „Heiligen", einen „Wundertäter" und begann, sich um ihn zu scharen. Mit dieser Art von Publicity konnte Benedikt nun wirklich nichts anfangen. Und weil sich die Menschen nicht davon abbringen ließen, in ihm einen Wundertäter zu sehen, sah er sich zur Flucht gezwungen. Ohne seine Amme zu informieren, brach er eines frühen Morgens auf und begab sich in die Gegend des kleinen Ortes Subiaco.

Was sagen uns Wunder heute?

Glauben Sie an **Wunder**?, möchte ich jetzt gerade Sie als Leserin oder Leser fragen. Nun, die Menschen der heutigen Zeit sind von solchem Glauben wohl schon ein Stück abgekommen. Heutzutage wird die Welt von Facts, von Performance, von Rating-Agenturen, Shareholdern und Spekulationsgewinnen regiert und nicht mehr von Wundern.

Wenn man sich die Zeit nimmt, aus dem turbulenten Alltag auszusteigen, und sich vornimmt, auf das zu achten, was rund um ein Menschenleben geschieht, dann kann es leicht passieren, dass man sprichwörtlich sein „blaues Wunder" erlebt.

Nach meinem ersten Klosteraufenthalt im Jahre 2008 hatte ich mir fest vorgenommen, eine Zeit lang etwas kürzer zu treten und hin und wieder etwas regelmäßiger und tiefer zu atmen. Ich nahm mir vor, ganz bewusst auf Zeichen zu achten, mit denen mir mein Leben einen Weg aufzeigen würde. Ich habe mir dann eine Datei mit dem Namen „Zeichensprache" angelegt, die sich im Laufe der Zeit ganz ordentlich gefüllt hat. Wenn man bereit ist, eine Türe aufzumachen, dann stellt man ganz erstaunt fest, dass sich dahinter noch viele weitere Türen befinden, die sich langsam und gemächlich, aber eben wie von selbst auftun. Manchmal quietschen die Türen ein bisschen, damit man sie nicht überhört, wenn sie sich öffnen.

Spirituell führen

Seine Sinne ein wenig für das Spirituelle zu öffnen, ist eine sehr gute Möglichkeit, um die eigene Wirkungsweise als Führungskraft zu erhöhen. Das Spirituelle ergänzt die Handlungsmöglichkeiten der Führungskraft um eine weitere, wesentliche Dimension. Man glaubt dann nicht mehr, dass alles von einem selbst abhängt, man lernt, sich von außen helfen zu lassen. Das kann für den gestressten Manager nicht nur eine Entlastung sein; eine solche Handlungsweise führt auch zu besseren Ergebnissen, weil man die Zahl der Möglichkeiten erhöht. Außerdem gelingt es mit dieser Vorgehensweise, eine zu hohe Geschwindigkeit in den Prozessen zu vermeiden, weil man das Tempo verlangsamen muss, um Zeichen zu erkennen.

Solche Erkenntnisprozesse müssen erlernt und geübt werden. Die Sinne wollen geschärft werden, die Denkmuster brauchen Zeit, bis Bilder gesehen und interpretiert werden können. Wenn Sie solch ein Experiment mit sich selbst starten wollen, dann achten Sie z. B. einmal darauf, warum die Kilometeranzeige Ihres Autos genau an dieser bestimmten Stelle auf z. B. 20.000 km springt. Oder überlegen Sie in einer ruhigen Minute, wieso gerade dieser Mensch zu jenem Zeitpunkt auf Sie getroffen ist und was er Ihnen gesagt hat. Vielleicht wollen Sie auch darüber nachdenken, warum Sie überhaupt auf die Idee gekommen sind, dieses Buch zu lesen, und für welche anstehende Entscheidung Sie sich davon einen Rat erwarten.

Zeichensprache

Ich möchte Ihnen an dieser Stelle drei selbst erlebte Beispiele anbieten. Vielleicht erscheinen Ihnen diese Beispiele wenig spektakulär, aber es sind oft die kleinen Zeichen, die Richtung angeben, nicht immer die ganz großen Wunder:

Herr Kraft: Ich stand in einem Seminarraum eines schönen Hotels in Düsseldorf und bereitete den Seminarbeginn vor. Ich war ziemlich angespannt, weil es sich um eine Seminargruppe von Führungskräften eines mir bis dahin unbekannten Unternehmens handelte.

Ein Mann kam herein und schüttelte mir kräftig die Hand. „Kraft", sagte er, „Peter Kraft. Ich gehöre zur Gruppe im Nebenraum. Ich wollte nur vorbeischauen und Ihnen ein guten Tag wünschen!" So gestärkt wartete ich voller Vorfreude auf die Teilnehmer meiner Gruppe.

Ausfahrt Plankstetten: Ich hatte mir einmal überlegt, welche Möglichkeiten die Zeichen haben, um sich zu zeigen. Der Kilometerstand meines Tachos schien sich dafür gut zu eigenen. So gewöhnte ich mir also an, immer wieder zu beobachten, an welchen Stellen meiner Reisen schöne, runde Zahlen abzulesen waren.

Eines Tages war ich auf dem Heimweg von einem Seminar in Nürnberg. Der Kilometerstand bewegte sich auf die 60.000 Kilometer zu. Und als es dann so weit war, befand ich mich unmittelbar an der Ausfahrt „Plankstetten", mit dem Zusatz auf dem Wegweiser: Benediktinerabtei.

Der Mann mit dem weißen Schal: Im Dezember 2012 war ich in Wien zu Fuß unterwegs von meinem Hotel zur S-Bahnstation. Ich war auf dem Weg ins Patentamt, um die Marke „Sales Coaching by Benedict" ins Markenregister eintragen zu lassen. Ich war aufgeregt und in freudiger Erwartung.

Es blies – wie so oft in Wien – ein eiskalter Wind. Die Menschen, die mir entgegen kamen, waren in dicke Mäntel eingepackt. In etwa einhundert Meter Entfernung entdeckte ich einen Mann, der mich mit einem sehr freundlichen Lächeln fixierte.

Der Mann kam näher und lächelte immer noch. Als er direkt vor mir stand, trat er einen Schritt zur Seite und streckte die Hand zum Zeichen aus, dass er mir den Weg frei machen wollte. Ich spürte, dass ich auf dem Weg zum Patentamt wohl auf dem richtigen Weg war.

Später in der S-Bahn dachte ich über die seltsame Begegnung noch einmal nach. Der gepflegte Herr war mitten im tiefsten Winter nur mit einem leichten schwarzen Sommeranzug bekleidet gewesen und hatte einen dünnen, modischen, weißen Schal getragen. Wer war der Mann nur? Er hatte so gar nicht in das Bild gepasst, das die anderen Menschen auf der Straße abgegeben hatten.

Wenn Sie von einem Termin zum nächsten rasen, fahren Sie buchstäblich an den Zeichen vorbei, die Ihr Leben für Sie bereit hält. Kleine Wunder passieren auch in Ihrem Leben, es müssen ja für den Anfang nicht gleich die ganz großen sein.

Erster Aufenthalt in der Höhle bei Subiaco

In der Nähe von Subiaco gab es ein Kloster. Benedikt hatte sich eine Zeitlang in der Nähe das Klosters aufgehalten, bis er eines Tages die Bekanntschaft eines der Brüder machte, der sich gerade außerhalb der Klostermauern befand: Romanus. Benedikt erzählte ihm seine Geschichte und dass er nun einen einsamen Ort suchte, um sich eine Weile zurückzuziehen. Romanus erkannte wohl, wie sehr dieser Wunsch im Herzen Benedikts brannte, und nahm sich seiner an. Er gab ihm ein Mönchsgewand und zeigte ihm in der Nähe des Klosters eine einsame, schwer zugängliche Höhle, in die sich Benedikt zurückziehen konnte, ohne dass er befürchten musste, entdeckt zu werden. Romanus sagte zu, dass er Benedikt regelmäßig mit Brot versorgen würde. Zu diesem Zweck brachten die beiden oberhalb der Höhle ein Seil an, an dessen unterem Ende eine Glocke hing. Wenn Romanus Brot brachte, zog er an dem Seil, damit die Glocke bimmelte und Benedikt erkennen konnte, dass sein Brot zu ihm heruntergelassen wurde. Wasser war anscheinend in unmittelbarer Umgebung der Höhle genug vorhanden.

Man muss an dieser Stelle festhalten, dass Romanus ohne das Wissen seines Abtes, also eigenmächtig, handelte. Damit machte er sich einer schweren Verfehlung schuldig. Er kam aber zu der Überzeugung, dass die gute Tat, mit der er einem Suchenden Raum gab, seine eigenmächtige Handlung rechtfertigte.

Wir wissen auch genau, wie lange sich Benedikt in der Höhle aufgehalten hatte, der Chronist schreibt: *„An dem genannten Ort angekommen zog sich der Mann Gottes in eine ganz enge Höhle zurück und blieb dort drei Jahre. Kein Mensch außer dem Mönch Romanus wusste davon."*

Zeit zum Reifen

Drei Jahre lang in einer Höhle zu leben ist für den heutigen Menschen natürlich gänzlich unvorstellbar. In der damaligen Zeit waren Einsiedeleien aber durchaus noch verbreitet. Vor allem die ersten Mönche hatten mit dieser Lebensform experimentiert. Aus der Bibel wissen wir ja auch, dass Jesus von Nazareth sich immer wieder für längere Zeit in die Einsamkeit zurückzog.

Was sagt dieser Bericht der modernen Führungskraft von heute? Zunächst kann man wohl festhalten, dass etwas Zeit braucht, um zu reifen. Es werden nicht immer drei Jahre sein müssen, Entwicklungsprozesse lassen sich aber eben auch nicht beliebig beschleunigen. In meinen Coaching-Prozessen klagen Führungskräfte immer wieder darüber, dass Entwicklungen zu langsam vor sich gehen. Mitarbeiter andererseits klagen darüber, dass man ihnen nicht genügend Zeit gibt, sich zu entwickeln. Wenn etwas gesät worden ist, dann hat es keinen Sinn, daneben zu stehen und zu warten, bis die Saat aufgeht. Es geht nicht schneller, auch wenn Sie noch so intensiv auf die Erde starren.

Gerade im Vertrieb gibt es keinen Raum für Ausdauer und Abwarten. Kaum wird ein neues Konzept erstellt und mit großem Aufwand eingeführt, wird es schon wieder durch aktuelle Geschehnisse überholt. Die Mitarbeiter klagen dann, dass man sich auf gar nichts mehr verlassen könne, und verlieren die Orientierung. Das Beispiel von Benedikts Höhlenleben zeigt uns auch, dass es Mut erfordert, Wege zu gehen, die auch einmal ganz unkonventionell sind, wenn man wirklich eine tiefergehende Entwicklung und Veränderung erreichen will. Und es setzt die Absicht voraus, dem Prozess Zeit zu geben und nicht gleich bei der ersten Schwierigkeit die Richtung radikal zu ändern oder den Prozess abzubrechen.

Auszeiten einplanen

Das zweite, das mir an dieser Stelle wichtig erscheint, ist der Umgang mit Auszeiten. Manager planen sich gerne die Terminkalender übervoll und erwarten dasselbe von ihren Mitarbeitern. In diesem Zusammenhang wird Quantität oft mit Qualität verwechselt. Nur weil viel gearbeitet wird, muss die geleistete Arbeit noch lange nicht gut sein. Die kleinen, fest eingeplanten Auszeiten, auch wenn es nur eine Stunde Jogging ist, machen wieder Energie frei, lösen Blockaden und eröffnen neue Blickwinkel.

Nach drei Jahren wurde Benedikt zweimal entdeckt: zuerst durch einen Priester und später durch umherziehende Hirten, die den bärtigen Mann zuerst für ein wildes Tier hielten und sich vor ihm erschreckten. Dann nahmen sie aber Kontakt mit ihm auf und besuchten ihn von nun an regelmäßig, weil sie von der Weisheit des Mannes angetan waren. Für Benedikt ging damit eine Zeit völliger Abgeschiedenheit vorerst zu Ende. Immer mehr Menschen kamen zu ihm und wollten seinen weisen Worten lauschen. Er war gereift und bereit, sich wieder der Welt zu öffnen. Er war in seiner Höhle sicher durch viele Höhen und Tiefen gegangen. Man kann sich in die einsamen Nächte, die er zugebracht hat, hineinfühlen. Sicher überkamen ihn immer wieder Kummer und Sorge. Wahrscheinlich kamen ihm auch oft genug Zweifel, ob er das Richtige tat. Die Wärme der aufgehenden Sonne hat diese Zweifel aber dann anscheinend doch immer wieder soweit vertrieben, dass er drei Jahre lang ausharrte.

Der Chronist berichtet auch von einem bösen Geist, der nicht wollte, dass Benedikt sich so sehr für seinen Gott aufopferte, und ihm immer wieder Streiche spielte. So soll durch einen plötzlichen Steinwurf die Glocke zersprungen sein, die Benedikt mit der Außenwelt verbunden hatte. *„Der alte Feind blickte mit Neid auf die Liebe des einen (Romanus) und die Stärkung des anderen (Benedikt). Als er eines Tages sah, wie das Brot herabgelassen wurde, warf er einen Stein und zerschlug die Glocke. Romanus ließ sich aber nicht davon abbringen, nach Kräften zu helfen.“* Der Chronist berichtet weiter, dass Benedikt unaufhörlich betete und den Feind ignorierte, bis dieser schließlich von ihm abließ. Er hatte den Teufel für den Rest seiner Zeit in der Höhle besiegt.

Abt in Vicovaro

Benedikts Ruf als als „geistlicher Meister" verbreitete sich in der Umgebung. Die Anzahl der Schüler, die sich seiner Führung anvertrauen wollten, nahm ständig zu.

In dem kleinen Ort Vicovaro, ganz in der Nähe, gab es ein Kloster. Der Abt des Klosters war gerade verstorben. Darum machten sich die Mönche auf den Weg zu Benedikt, und baten ihn, ihr neuer Abt zu werden. Benedikt lehnte vorerst ab, weil er spürte, dass diese Mönche keine strenge Führung suchten, und er vermutete, dass seine Tätigkeit als Abt nur zu Konflikten führen würde. Die Mönche bedrängten ihn aber so sehr, dass er schließlich nachgab.

Es kam, wie Benedikt es vorhergesehen hatte: Schon nach wenigen Monaten traten zwischen dem Abt und den Mönchen große Konflikte auf. Der verstorbene frühere Abt hatte den Mönchen in der Gestaltung ihres Tagesablaufes anscheinend ziemlich freie Hand gelassen. Die Mönche gingen von der Annahme aus, dass der Eremit Benedikt sich im Großen und Ganzen im Kloster zurückziehen und ihnen ebenfalls freie Hand lassen würde. Zugleich hofften sie, dass das Ansehen des Klosters profitieren würde, weil ihm der inzwischen sehr bekannte Benedikt von Nursia vorstand.

Benedikt nahm sein Amt sehr ernst. Er führte einen geregelten Tagesablauf ein, den die Mönche als unbequemen Eingriff in ihre persönlichen Freiheiten strikt ablehnten. Der Konflikt eskalierte so weit, dass die Mönche eines Tages dem Abt ein Glas mit vergiftetem Wein reichten. Benedikt streckte die Hand aus und wollte das Glas mit dem Zeichen des Kreuzes segnen. Was dann geschah, beschreibt der Chronist folgendermaßen: *„Auf dieses Zeichen hin zerbrach das Glas, das in einiger Entfernung gehalten wurde, als hätte er nicht das Kreuz gemacht, sondern einen Stein auf das Gefäß des Todes geworfen."* Nachdem Benedikt erkannte, dass man ihn hatte vergiften wollen, rief er die Brüder zusammen. *„Der allmächtige Gott erbarme sich euer, warum habt ihr mir das antun wollen?"* Dann verabschiedet er sich von den Brüdern und ging zurück nach Subiaco, wo er erneut in seiner Höhle seine geliebte Einsamkeit suchte.

Diese Begebenheiten sind für den Führungsalltag in mancherlei Hinsicht sehr lehrreich. Ich möchte folgende Punkte herausgreifen:

Das Bauchgefühl als Grundlage der Handlung

Das Bauchgefühl sollte man als wichtiges Kriterium bei Entscheidungen beachten. Benedikt spürte, dass die Mönche etwas suchten, was er ihnen nicht bieten konnte. Trotzdem ließ er sich überreden. Dabei entsteht natürlich ein fauler Kompromiss.

Das Bauchgefühl ist in vielen Bereichen des Führungsalltages ein verlässliches Kriterium, ganz besonders bei der Auswahl von Mitarbeitern. Wenn Sie mit einem Bewerber zusammensitzen, erfahren Sie alles, was Sie wissen müssen. Gerade im Vertrieb ist die Chemie zwischen dem Vorgesetzten und dem Mitarbeiter eine wichtige Voraussetzung dafür, dass eine Beziehung gelingen kann. Das Handwerkszeug für erfolgreiches Verkaufen ist erlernbar. Das ausgereifteste Assessment-Center wird Ihnen nie Gewissheit darüber geben, ob ein neuer Mitarbeiter in Ihrem Unternehmen etwas werden kann oder nicht. Ich glaube, dass gerade in diesem Bereich sehr viel Geld verschwendet wird. Der aus meiner Sicht viel zu häufige Einsatz von Assessment-Centern passt wunderbar in die heutige Zeit: Man traut sich nicht mehr zu, dass man in einem Gespräch mit einem Menschen, auch wenn man ihn zum ersten Mal sieht, ein verlässliches Gefühl dafür entwickeln kann, ob man zusammenpasst. Lieber delegiert man an Zahlen und Fakten, dann ist man selbst wenigstens aus dem Schneider. Dabei sieht man doch nur mit dem Herzen gut.

Das Abholen von Mitarbeitern im Führungsprozess

Außerdem deutet die Szene darauf hin, wie wichtig es ist, Mitarbeiter abzuholen, wenn man als Führungskraft eine Gruppe übernimmt. Es mag sein, dass Benedikt seine erste Führungsfunktion zu streng angelegt hatte. Wahrscheinlich wäre weniger Strenge in manchen Situationen angebracht gewesen. Die Konfliktsituation hat sich wohl eine Zeit lang angestaut, ohne dass jemand den Versuch unternommen hatte, das Thema anzusprechen und zu bearbeiten. Für Führungskräfte heute heißt das wohl zu überdenken, ob man selbst in die Kultur eines Unternehmens passt, bevor man irgendwo anheuert. Umgekehrt muss aber auch ein Unternehmen bei der Besetzung einer Führungsfunktion überlegen, ob ein Bewerber ins Bild der Anforderungen passt. Die Besetzung von Führungsfunktionen mit Mitarbeitern aus dem eigenen Haus ist an dieser Stelle zu empfehlen, da man die Stärken und Entwicklungsfelder dieser Personen schon aus der Praxis kennt.

Menschen wollen geführt werden

Ein weiterer Punkt erscheint mir noch beachtenswert. Wieso gehen die Mönche zu Benedikt und bitten ihn, ihr Vorgesetzter zu werden? Sie hätten ja auch aus ihrem eigenen Kreis einen Abt wählen können. Meiner Ansicht nach zeigt sich hier die im Menschen tief verwurzelte Sehnsucht, geführt und entwickelt zu werden. Ich wage zu behaupten, dass die Mönche mit ihrer Freiheit nicht wirklich viel anzufangen wussten. Natürlich heißt sich führen zu lassen auch immer, ein Stück Bequemlichkeit aufgeben. Der Lohn dafür ist aber oft ein interessantes Leben voller Erkenntnisse, in dem vieles aufgeht.

Ich mache in den Führungsprozessen oft die Erfahrung, dass die Verkäufer mit dem Thema Controlling weniger Berührungsängste haben als ihre Vorgesetzten. Menschen haben nichts gegen Controlling-Prozesse, wenn sie ihren Sinn verstehen und wenn sie spüren, dass ihnen damit der Weg zum Erfolg leichter gemacht wird.

Zweiter Aufenthalt in der Höhle von Subiaco

Die zweite Periode der Einsamkeit in der Höhle von Subiaco dürfte wohl nicht mehr von sehr großer Askese und strengem geistlichen Leben geprägt gewesen sein. Während Benedikt nach dem Bericht des Chronisten in den ersten drei Jahren seiner Höhlenerfahrung fast unablässig betete, gewann nun wohl das beschauliche Element die Oberhand. Der Chronist berichtet: *„Allein unter den Augen Gottes wohnte er in sich selbst."* Er hatte den inneren Frieden gefunden und eine übergroße Strenge mit sich selbst wohl nicht mehr nötig. Die großen Prüfungen und Versuchungen hatte er für sich in seiner ersten, langen Höhlenzeit gemeistert, nun konnte er in Frieden in Gott und in sich selbst ruhen.

Benedikt war nun zu Führungsaufgaben bereit. Er lebte immer noch in der Höhle und trug auch selbst nichts aktiv dazu bei, dass Menschen zu ihm kamen, er unternahm jedoch auch keine Anstrengungen mehr, die Menschen von sich fernzuhalten. Mit Gelassenheit wartete er darauf, was passieren würde. Er liebte seine Einsamkeit noch immer, aber er hielt nicht mehr an ihr fest.

Bald setzte ein intensiver Zustrom von Menschen, die sich seiner Führung anvertrauen wollten, ein. Im italienischen Volk gab es zu Beginn des 6. Jahrhunderts viele Menschen, die sich zu einem gottgeweihten Leben hingezogen fühlten. Der Chronist berichtet, dass mehr als 150 Menschen zu Benedikt kamen und längere Zeit bei ihm blieben. Nun war die Zeit für Benedikt gekommen, die Höhle zu verlassen und die Menschen, die bei ihm sein wollten, in einer festen Gemeinschaft zu organisieren.

Dieser Abschnitt macht deutlich, dass man zuerst oft schmerzliche Reifungsprozesse durchmachen und viel Arbeit und Energie in die eigene Entwicklung stecken muss, bevor man eine gute Führungskraft werden kann. Man muss lernen, eigene Bedürfnisse zurückzustellen und sich selbst nicht zu wichtig zu nehmen. Man muss eine gewisse Gelassenheit erlernt und zu wahrer Stärke gefunden haben, bevor man Führungsaufgaben übernehmen kann.

Nach dem Reifungsprozess war Benedikt von sich aus bereit, Führungsaufgaben zu übernehmen. An dieser Stelle wird auch die Verantwortung deutlich, sich selbst für Führungsprozesse zu öffnen, wenn man die dafür nötige Reife erlangt hat. Die Gesellschaft braucht Führungskräfte, die den Suchenden ein Vorbild sein wollen. Ein Mensch hat die Verantwortung, was in ihm gereift ist an andere weiterzugeben.

Im Vertrieb sind heutzutage Menschen, die ihren Führungsauftrag ernst nehmen, noch immer eher die Ausnahme als die Regel. Wo sich Führungsprozesse vollziehen, die den Menschen und seine Entwicklung in den Mittelpunkt stellen, braucht man sich um den Ausbau der Vertriebsmannschaft keine Sorgen zu machen. Hier entsteht eine Anziehungskraft, ein Begehren, selbst das zu erleben, wovon andere mit großer Freude berichten.

Für mich war der aktuelle Stand meiner Entwicklung als Führungskraft in der Anlage meiner Trainerrolle erkennbar. Die entscheidende Entwicklung wurde bei meinem ersten Seminar im Kloster im Dezember 2008 eingeleitet. Von da an breitete sich in mir ehrliche Demut aus. Ich verstand mich zunehmend mehr als Dienstleister, der für ein angstfreies Lernen in einer Seminargruppe verantwortlich war. Ich verstand mich als Hebamme, mit dem Auftrag, das, was in den Teilnehmern schon angelegt war, durch gute Fragen hervorzuholen und dem bewussten Handeln zugänglich zu machen.

Abt in Subiaco

Auf der rechten Seite des Flusses Anio, in der Nähe der Höhle, die Benedikt zuletzt bewohnt hatte, gab es ein kleines Kloster und mehrere leer stehende Gebäude, die allerdings zum Teil mehrere Kilometer voneinander entfernt lagen. Benedikt entschloss sich, die Menschen in zwölf kleine Gruppen zu je zwölf Personen aufzuteilen. In der Mitte dieser Ansiedlung stand Benedikts Haus. Dort lebte er mit einer kleinen Gruppe von Menschen zusammen, die er selbst ausbilden wollte, Menschen, die er für den Dienst am Herrn für besonders geeignet hielt und die bereit waren, sich einer strengen, aber liebevollen Führung auszusetzen. Die Führung der anderen elf Häuser übertrug er erfahrenen Männern.

Die Stadt Rom, der er vor einigen Jahren den Rücken gekehrt hatte, schickte nun Schüler zu ihm. Es waren Kinder aus reichen, römischen Familien, die von ihren Eltern für das Ordensleben bestimmt wurden. Manche von ihnen haben Benedikt wohl anfänglich Schwierigkeiten bereitet, zwei aber fanden sofort sein besonderes Wohlgefallen, Placidus und Maurus, um die er sich fortan besonders intensiv kümmerte. In diesem Haus wurden also die Grundlagen des Benediktinischen Schulwesens gelegt, das noch heute auf der ganzen Welt junge Menschen formt. Benedikt sollte später in seiner Regel schreiben: *„Wir wollen eine Schule für den Dienst des Herrn einrichten."*

Dieser Abschnitt zeigt die Entwicklung der Kongregation von Subiaco. Kongregation ist auch heute noch die Bezeichnung für den Zusammenschluss benediktinischer Klöster. Jedes der Klöster legt aber großen Wert auf Selbständigkeit und eigene Entscheidungshoheit. Die Kongregation dient dem

Austausch, der gegenseitigen Beratung und der Förderung gemeinsamer Interessen und Einwicklungen.

Benedikt stand also vor der Herausforderung, eine große Anzahl von Menschen so zu organisieren, dass ein gutes gemeinsames Vorankommen sichergestellt war. Er hat wohl nicht lange überlegt, sondern sofort die Bibel zur Hand genommen und nachgelesen, wie es Jesus damals gemacht hat. Er kam wohl gar nicht auf die Idee, von sich aus zu überlegen, wie er es anstellen könnte, sondern entschloss sich sofort zum Rückgriff auf Bewährtes. Benedikt hat später, als er die Regel schrieb, immer betont, dass die Verhaltensregeln, die er forderte, nicht aus seinen Gedanken gekommen waren. Er habe nichts anderes getan, als die Kernaussagen und Handlungen des Jesus von Nazareth für ein effektives Zusammenleben in Klöstern fruchtbar zu machen. Die Zahl zwölf ergibt sich damit aus der Anzahl der Apostel. Auch in der Gruppendynamik geht man von der Zahl zwölf als optimaler Anzahl von Gruppenmitgliedern aus. Diese Zahl gewährleistet, dass möglichst viel Energie und Ideen in einem System gebündelt werden, ohne dass die Prozesse der Menschen untereinander unüberschaubar werden. Benedikt wollte, dass jede einzelne Person ihren Platz im Ganzen findet. Er achtete die Befindlichkeiten jedes Einzelnen, er stellte den Menschen in den Mittelpunkt. Dafür war es notwendig, die Anzahl der Menschen in den einzelnen Gruppen überschaubar zu halten.

Da die einzelnen Häuser aufgrund der örtlichen Gegebenheiten dezentral angelegt werden mussten, wurde in jedem dieser Häuser ein erfahrener Mann als „Abt" (Vater) eingesetzt. Der Prozess des Miteinanders wurde festgelegt, die Tagesstruktur und die konkreten Methoden, das Ziel zu erreichen, in Inhalt und Form. Die Mönche wussten also ganz genau, WAS sie zu tun hatten, und das WIE wurde gemeinsam in kleinen Schritten immer wieder eingeübt. Diese Struktur hat sich im Wesentlichen bis heute erhalten, also mehr als 1500 Jahre überdauert.

Sich auf Bewährtes verlassen

Benedikt steht vor der Herausforderung, Strukturen zu schaffen. Er kommt gar nicht auf die Idee, selbst etwas zu erfinden. Er greift auf die Bibel zurück, in der er alles findet, was er sucht. Er nimmt sie zur Hand, baut auf ihr seine Strukturen auf und sorgt für Beständigkeit der einmal eingeführten Ordnung. Die Manager in den Klöstern halten sich nun schon seit über 1500 Jahren an diese Ordnung. Das ist wohl auch der Grund dafür, dass es den Benediktinerorden heute noch gibt und dass er zu einer weltweiten Organisation gereift ist.

Im Vertrieb kann es schon vorkommen, dass die Welt innerhalb eines Jahres mehrmals auf den Kopf gestellt wird. Meist geht es dabei um Prozesse, die in oberen Etagen ohne Einbindung der Betroffenen beschlossen werden und deren Sinn und Nutzen den Menschen – wenn überhaupt – nur mangelhaft vermittelt werden. Man wundert sich dann, dass die Menschen nicht mitziehen, setzt schnell ein neues Projekt auf, bei dem die Verkäufer dann noch weniger mitziehen, weil sie einfach nicht verstehen, worum es genau geht.

Als Trainer und Coach von Verkäufern und Führungskräften im Vertrieb habe ich viele Male erlebt, dass beispielsweise im Januar für eine Seminarreihe im April ganz bestimmte Schwerpunkt vereinbart wurden, die ich mit den Leuten trainieren sollte, weil diese Themen in der Strategie des Unternehmens gerade als wichtig erachtet wurden. Oft hatten sich diese Schwerpunkte kurz vor Beginn der Seminarreihe schon wieder geändert. Und ich habe viele Wechsel an der Spitze eines Vertriebs erlebt. Nach der Devise „Neue Besen kehren gut" hat sich dann oft die Strategie wieder komplett verändert, so als ob das Grundsätzliche am Verkaufen und Führen völlig beliebig und an den Geschmack bestimmter Personen gebunden wäre. In einem Unternehmen gab es innerhalb von drei Jahren zwei ganz groß angelegte Projekte zur Steigerung der Effizienz von Führungs- und Verkaufsprozessen, die unglaublich viel Geld verschlungen und Kapazitäten gebunden haben, das Ziel aus meiner Sicht aber trotzdem weit verfehlt haben. Und zweifellos wird man dort bald das nächste Projekt initiieren.

Auch die Veränderungen von Organisationsformen erfreuen sich großer Beliebtheit. Als ich in dem großen österreichischen Konzern 1990 mit meiner Arbeit begann, war die Ausbildung für den Vertrieb in den jeweiligen Regionen angesiedelt. Zwei Jahre später war alles zentralisiert und zwei weitere Jahre später „ausgetochtert". Irgendwann wird man wieder eine Renaissance der regionalen Strukturen erleben, die effizient und flexibel vor Ort arbeiten und Entscheidungen treffen können.

Aus der Zeit Benedikts in Subiaco sind mehrere Wunder überliefert. Eine
Szene hat mich besonders berührt. Ein einfältiger Gote, der Mönch werden
wollte, kam zu Benedikt und wurde von ihm liebevoll aufgenommen. Er
teilte ihm die Aufgabe zu, mit einer Sichel an einer bestimmen Stelle, an der
ein Garten angelegt werden sollte, das dort wachsende Gestrüpp auszuha-
cken. Der Gote machte sich sofort voll Freude und mit großem Eifer an die
Arbeit. Er wandte wohl zu viel Kraft an, denn plötzlich löste sich die Klinge
vom Stiel und rollte den Hang hinunter in den See.

Der Gote war sehr traurig über dieses Missgeschick. Zitternd vor Angst lief
er zum Mönch Maurus und erzählte ihm davon. Maurus hatte Mitleid mit
dem verzweifelten Mann und ließ nach Benedikt schicken. Was weiter geschah, beschreibt der Chronist folgendermaßen: *„Als der Mann Gottes, Benedikt, das hörte, ging er hin, nahm dem Goten den Stiel aus der Hand und hielt ihn
in den See. Sogleich kam die Klinge aus der Tiefe hervor und fügte sich wieder an
den Stiel."* Danach gab Benedikt dem Goten das Werkzeug zurück und
sprach zu ihm: *„Geh wieder an die Arbeit zurück und sei nicht traurig."*

An dieser Stelle kommt deutlich die Anforderung an die Führungskraft
zum Ausdruck, wieder gut zu machen, was ein Mitarbeiter „verbockt"
hat, gerade dann, wenn er durch ein Missgeschick persönlich betroffen
und traurig ist. Als Mitarbeiter darf man also demnach in solchen Situationen auf Hilfe hoffen und diese auch einfordern. Benedikt überlegt
nicht lange, er eilt zu Hilfe und macht das Missgeschick wieder gut. Er
zeigt an dieser Stelle sein bedingungsloses Gottvertrauen. Denn immerhin ist ein Wunder nötig, und er geht einfach davon aus, dass es passiert.

Wir sind nicht nur als Führungskräfte gefordert, unseren Mitarbeitern
„zur Hilfe zu eilen", sondern natürlich auch als Mütter und Väter, unseren Kindern in solchen Situationen zu helfen und ihnen zu signalisieren,
dass wir für sie da sind.

Benedikts Weg war in Subiaco aber noch nicht zu Ende. Eine Zeit lang lief
alles gut, die Mönche hatten sich an ihre Häuser und den Tagesablauf gewöhnt, eine friedvolle Atmosphäre lag über der Kongregation von Subiaco.
Auf der anderen Seite des Flusses lebte in einer kleinen Pfarre ein Pfarrer
Namens Florentinus. Er war eifersüchtig geworden auf den Mann Gottes,

der sich eines so großen Zulaufs erfreute. Er versuchte die Menschen, die zu Benedikt gelangen wollten, davon abzuhalten, und verleumdete ihn, wo er nur konnte.

Der Hass des Priesters steigerte sich so sehr, dass er Benedikt schließlich nach dem Leben trachtete und versuchte, ihn mit Brot zu vergiften. Nachdem dieser Anschlag misslungen war, versuchte der Priester, Benedikt unter den Mönchen zu verleumden, und das Klima dort verschlechterte sich. Benedikt überlegte reiflich, was denn zu tun wäre. Er hatte erkannt, dass der Priester nur ihm persönlich nachstellte und in seiner Eifersucht vor keinem Mittel zurückschreckte. Da ordnete er alles neu in den zwölf Klöstern, nahm die Schar seiner zwölf engsten Vertrauten und zog weiter Richtung Südwesten nach Montecassino. Der Chronist berichtet, dass der Mann Gottes *„in Demut vor dem Hass des anderen gewichen war"*. Der Priester hatte sich auf seinen Balkon gestellt und die Abreise Benedikts voller Triumph beobachtet. *„Da stürzte der Balkon ein, und vernichtete den Feind Benedikts; das ganze Haus blieb sonst unbeschädigt stehen."*

Nachdem Benedikt mit den Zwölfen einige Kilometer zurückgelegt hatte, erreichte sie ein Mönch, der ihnen nachgeeilt war, um ihnen die Nachricht mitzuteilen. Doch Benedikt kehrte nicht zurück, auch wenn die Bedrohung nun ein Ende hatte.

Benedikt hatte sicher reiflich nachgedacht, bevor er diesen Schritt getan hatte. Vermutlich setzte er in Subiaco einen Obersten ein, das wissen wir aber nicht genau. Der Chronist schreibt nur, dass er „alles neu geordnet" habe. Damit hatte er sich geistig wohl endgültig von dieser Struktur verabschiedet und wartete nur noch auf den richtigen Augenblick, um aufzubrechen. Als er unterwegs war, dachte er nicht mehr daran, umzukehren.

Wir können daraus lernen, loszulassen, wenn etwas zu Ende geht. Das kann der Job in einem Unternehmen sein, dass kann aber auch eine private Beziehung sein. Oft neigen wir dazu, das, was es nicht mehr gibt, künstlich aufrechtzuerhalten. Damit wird dann aber nur noch mehr Energie gebunden und der Blick auf die neue Aufgabe, die uns schon erwartet, verstellt.

Abt in Montecassino

Benedikt war mit seinen zwölf Getreuen schon mehrere Tage in südöstlicher Richtung unterwegs. Als er den Montecassino erblickte, einen fünfhundert Meter hohen Berg, zog es ihn hinauf in die Hochebene. Der atemberaubende Ausblick von dort oben hat ihn und seine Mönche wohl so sehr beeindruckt, dass sie beschlossen, dort zu bleiben. Am Montecassino steht heute noch eines der wohl eindrucksvollsten Klöster des Benediktinerordens.

Benedikt und seine Mönche begannen nun, sich dort auszubreiten. Sie errichteten Gebetshäuser und Wohngebäude. Benedikt begnügte sich aber diesmal nicht mehr mit der Errichtung heiliger Stätten. Er ging von sich aus auf die Bevölkerung der Umgebung zu und lehrte sie. Sein guter Ruf verbreitete sich rasch. Der Zustrom von Menschen, die in Montecassino das Leben eines Mönches führen wollten, wurde immer größer, sodass die Räumlichkeiten ständig erweitert werden mussten.

Der böse Geist, dem diese Entwicklung gar nicht gefiel, setzte immer wieder zerstörende Taten, konnte aber letztlich die positive Entwicklung von Montecassino nicht mehr bremsen. Benedikt war angekommen, er hatte das Böse für immer besiegt.

Aus der Zeit Benedikts in Montecassino werden mehrere Wunder berichtet. Eines Tages begab er sich zu seiner Schwester Scholastika, die als Nonne in einem nahegelegenen Kloster lebte. Die beiden waren lange in ein Gespräch vertieft, und als es dunkel wurde, wollte Benedikt aufbrechen. Er hatte es sich zur Regel gemacht, keine Nacht außerhalb des Klosters zu verbringen. Seine Schwester bat ihn, doch dieses eine Mal länger zu bleiben, doch Benedikt lehnte ihren Wunsch ab.

Der Chronist berichtet, dass Scholastika sich ins Gebet vertiefte. Bald darauf *„blitzte und donnerte es so stark, und ein so gewaltiger Wolkenbruch ging hernieder, dass weder der heilige Benedikt noch die Brüder in seiner Begleitung einen Fuß über die Schwelle des Hauses setzen konnten, in dem sie beisammen waren"*. Benedikt und seine Begleiter mussten die Nacht wohl oder übel außerhalb des Klosters verbringen.

Dieses Ereignis hat Benedikt sehr bewegt. Er interpretierte es als **Sieg der Liebe über die Ordnung.** In seiner Regel wird er später schreiben, dass „die Liebe immer über das strenge Gericht gehen müsse". Natürlich ist die Ordnung die Grundlage des Erfolgs, gerade im Vertrieb. Wer Ordnung hat, kann gar nicht anders, als erfolgreich zu sein. Die Ordnung darf aber nicht für sich alleine stehen, sozusagen als Selbstzweck. Sie ist ein bewährtes Mittel, Menschen zum Erfolg zu führen. Die Liebe muss aber immer das oberste Prinzip sein und Abweichungen von der Regel zulassen. Das gilt für Führungskräfte nicht nur im Beruf, sondern auch in den Familien.

Wie lange Benedikt insgesamt im Kloster Montecassino gewirkt hat, ist nicht genau überliefert. Jedenfalls waren es viele Jahre, in denen sich die Strukturen der Gemeinschaft festigten. Er begann über die selbst erlebten Führungserfahrungen Buch zu führen und leitete dann Schritt für Schritt allgemeingültige Regeln für das Zusammenleben von Abt und Mönchen ab. Wir werden uns später noch ausführlich damit beschäftigen.

Der Weg des Benedikt von Nursia endet um das Jahr 550 n. Chr. Es wird überliefert, dass er die Brüder sechs Tage vor seinem Tod von dem bevorstehenden Ereignis in Kenntnis setzte. Die letzten Tage verbrachte er in ständigem Gebet. Er konnte mit dem, was er in seinem Leben erreicht hatte, mehr als zufrieden sein. Er hatte sich einen steinigen Weg ausgewählt. In einer Zeit der Einsamkeit hatte er eine feste innere Reife, Stärke und Gelassenheit erlangt. Er konnte nun vielen Menschen etwas geben und ihnen einen Weg zeigen, nach dem anscheinend viele auf der Suche waren und heute immer noch sind. Am Schluss seines Lebens war also aus dem Eremiten ein Menschenfischer geworden, der sich aber auch immer wieder Auszeiten gönnte, in denen er wieder zu der Kraft finden konnte, die es benötigt, wenn man von vielen Menschen gefordert wird. Benedikt hatte nicht nur erfahren und erprobt, er hat sich auch selbst als Chronist seiner Erfahrungen betätigt und Aufzeichnungen angefertigt, die schließlich in der Benediktsregel ihre reife Form fanden – ein vielbeachtetes Werk, das die Kultur unseres Abendlandes stark geprägt hat und heute immer noch wesentlich beeinflusst.

Benedikt ist es also geschenkt worden, dem Ende seines Lebens mit Gelassenheit entgegenblicken zu können und loszulassen, als es soweit war. Er hatte ein erfülltes Leben hinter sich und konnte am Schluss die Frage nach dem Sinn, den sein Leben gehabt hat, für sich beantworten.

Für uns könnte dieses Vorbild eine Aufforderung sein, nicht nur zu arbeiten, bis wir irgendwann einmal tot umfallen, sondern rechtzeitig daran zu denken, das Leben so zu gestalten, dass uns der Sinn und der Auftrag – möglichst nicht erst am Ende – klar werden. Eine Wochenarbeitszeit von mehr als 70 Stunden ist einem solchen Vorhaben natürlich nicht zuträglich. Vielleicht kommt uns gerade an dieser Stelle die Benediktsregel zur Hilfe, Prozesse zu ordnen und zu vereinfachen, um damit hin und wieder auch einmal Zeit für die Beantwortung der Fragen nach dem Woher und dem Wohin zu finden.

4. Kapitel: Die Benediktiner

Am Anfang war die Sehnsucht

Wer hätte gedacht, dass sich aus der kleinen Gemeinschaft, die sich damals um Benedikt geschart hatte, eine so große Organisation entwickeln würde? Wie hoch hätten die Rating-Agenturen die Wahrscheinlichkeit dafür eingeschätzt? Es muss schon etwas ungeheuer Spannendes und Großes sein, abseits der Trends und Moden, dass es 1500 Jahre überdauern kann. Hier ist wohl eine sehr tiefe, die Zeiten überdauernde Sehnsucht der Menschen angesprochen und erfüllt worden, in all den Jahren, bis heute.

Dabei ist das, was Benedikt anbietet, zunächst gar kein leichter Weg. Wer sich in ein benediktinisches Kloster aufmacht, um Gott zu finden, der entscheidet sich für einen lebenslangen Weg, der besonders am Anfang schwierig ist. Die Mönche berichten von Zeiten großer Einsamkeit in den Zellen, von einer fordernden Zeitstruktur, von intensiven Studienzeiten, von manchen Zweifeln und Rückschlägen. Wer aber die Kraft und den Mut findet, durchzuhalten, für den tut sich nach Jahren ein faszinierender Weg der Erkenntnis auf, der für die Mühen der Anfangszeit mehr als entschädigt.

> Für den Vertrieb heißt das, dass es nicht um den schnellen Profit gehen kann. Wenn man will, dass eine langfristige Entwicklung stattfindet, muss man ihr auch die Zeit geben, die sie benötigt. Es geht darum, den Weg genau zu beschreiben, die notwendigen Prozesse einzuleiten und die Menschen mitzunehmen. Wenn man die Ordnung geschaffen hat und danach lebt, dann wird sich auch der Erfolg einstellen: nicht der kurzfristige Erfolg, der immer wieder durch Wettbewerbe angeheizt wird, sondern der langfristige Erfolg, der aus einer Struktur heraus kommt und nicht aus einem Schnellschuss. Am Anfang braucht es einen Manager im Vertrieb, der von dieser Sehnsucht getrieben ist und den Mut hat, den ersten Schritt zu gehen.

Der Orden entsteht

Die Grundlage für die Entwicklung des Benediktinerordens war die Bene-
diktsregel, Benedikts Lebenswerk, das sich nach seinem Tode rasch verbrei-
tete. Bald entstanden klösterliche Gemeinschaften, die ihre Strukturen und
Handlungen nach der Benediktsregel ausrichteten. Die Klöster, die nach der
Regel lebten, gingen lose Kooperationen mit anderen Häusern ein, die die
Benediktsregel ebenfalls zur Grundlage ihres Handelns gemacht hatten.
Bald wurden diese Häuser als „Benediktinerklöster" bezeichnet. Manche
Häuser schlossen sich zu Klosterverbänden zusammen (Kongregationen),
die zum Teil heute noch bestehen. Am Ende des 19. Jahrhunderts schlossen
sich auf Wunsch von Papst Leo XIII. die benediktinischen Klöster weltweit
zur sogenannten Benediktinischen Konföderation zusammen.

Seit der Entstehung sind nun 1500 Jahre vergangen, in denen der Orden
durch die Höhen und Tiefen gesellschaftlicher Entwicklungen gegangen ist.
Mal gab es unter den regierenden Herrschern Förderer des Ordens, dann
wieder sah sich der Orden mit Druck und Widerständen konfrontiert. Eines
ist jedoch wirklich bemerkenswert: Was immer geschah, die geistige Stärke
und der Wille der Ordensleute waren offensichtlich so ausgeprägt, dass
auch noch so schwierige Zeiten überbrückt werden konnten und am Ende
immer wieder ein neues Werden möglich war. Die Grundlage dafür war die
Beständigkeit in den Abläufen und Handlungen, die wohl an die Erfordernisse angepasst wurden, aber immer auf ein und derselben Basis aufbauten.
Man orientierte sich konsequent an der Benediktsregel, auch wenn man
gewonnene Erfahrungen in die Abläufe einfließen ließ, um sich der jeweils
aktuellen Umwelt besser anzupassen. So entstand eine Tradition des Lebens
und des Überlebens, die einen reichhaltigen Schatz zur Bewältigung anste-
hender Aufgaben lieferte.

Ab dem 19. Jahrhundert bildeten alle Kongregationen die gemeinsame bene-
diktinische Konföderation, die in Rom, im Kloster Sant'Anselmo, ihren
Hauptsitz hat. Dort befindet sich auch der Sitz einer Philosophisch-
Theologischen Hochschule, an der Mönche aus der ganzen Welt studieren.
Die Konföderation wird von einem Abtprimas geleitet, der von Äbten aus
der ganzen Welt gewählt wird und seinen Sitz in Sant'Anselmo hat. Der
Abtprimas ist der „Repräsentant" der Benediktiner, ein Symbol ihrer Ein-

heit. Er hat allerdings keine Befehlsgewalt, weil die Klöster großen Wert auf Eigenständigkeit legen. Die Nonnenklöster sind nur lose mit der Konföderation verbunden. Der Abtprimas wird aber auch von Äbtissinnen in der ganzen Welt gerne um Rat zur Lösung von anstehenden Problemen gefragt.

Heute ist der Benediktinerorden der größte Orden der römisch-katholischen Kirche. Ungefähr 25.000 Nonnen und Mönche verteilen sich auf ca. 800 Klöster in der ganzen Welt. Der Orden betreibt heute noch zahlreiche Schulen und Internate öffentlichen Rechts. Viele Klöster bieten in ihren Forstwirtschaften und Handwerksbetrieben Arbeitsplätze für die Region und tragen dadurch auch als Wirtschaftsfaktor zur Förderung der regionalen Strukturen bei. Ein weiterer zentraler Punkt ist die Missionsarbeit in Afrika, Südamerika und Asien. Dort werden zahlreiche Missionsstationen, aber auch Krankenhäuser betrieben.

Gibt es so etwas wie eine historische Entwicklung im Vertrieb? Gibt es etwas, worauf aus der Geschichte heraus aufgebaut worden ist, oder ist Vertrieb von jeder Generation immer wieder neu erfunden worden?

Das Grundlegende ist wohl schon sehr alt, Gesellschaft und Vertrieb haben sich immer wechselseitig bedingt. Aus dem Fortschritt hat sich die Notwendigkeit ergeben, Produkte und Dienstleistungen zur Verfügung zu stellen, die produziert und angeboten worden sind und natürlich auch von jemanden verkauft werden mussten. Es kam aber natürlich auch oft vor, dass jemand Produkte und Dienstleistungen erfand und dann jemanden brauchte, der Kaufmotive in der Wirtschaft und im privaten Bereich erzeugen musste, um die Produkte an den Mann zu bringen: den Verkäufer.

Dass Verkaufsgespräche stattfinden müssen, damit verkauft werden kann, ist nicht neu (obwohl man heute oft zweifelt, ob das zu den Verkäufern vorgedrungen ist, wenn man sieht, welche Ausreden Verkäufer vorbringen, um zu erklären, warum sie jetzt gerade nicht beim Kunden sind). Hinsichtlich der Entwicklung der Arbeitstechnik im Vertrieb kann man aber keinen historisch gewachsenen Prozess erkennen. Die Beliebigkeit und Zufälligkeit, die man heute allerorts in den Vertriebsstrukturen antrifft, mag daraus resultieren, dass der Vertrieb nicht auf eine historisch gewachsene und über viele Jahre erprobt Struktur zurückblicken kann.

Dieser fehlenden Grundsätze wird man sich in Zeiten, in denen der Vertrieb nicht mehr quasi von selbst läuft, schmerzlich bewusst, gerade dann, wenn sich innerhalb eines Verkäuferlebens die Rahmenbedingungen radikal ändern. Ich habe im Coaching viele Menschen erlebt, die sich in früheren Zeiten eine Existenz gemäß ihres Einkommens aufgebaut hatten. Viele von ihnen klagen, dass sie die aufgebauten Strukturen kaum mehr bedienen können. In dieser Situation wäre der Rückgriff auf ein bewährtes System eine Rettung, doch ein solches System ist innerhalb des Vertriebswissens nicht verfügbar. Von dem, was heute zur Verfügung steht, ist nichts historisch gewachsen.

Für mich war diese Erkenntnis der Anlass, mich umzusehen. Die Ordnung der Benediktiner hat sich als Ordnungsmuster für den Vertrieb angeboten, auch wenn es auf den ersten Blick dort um etwas ganz anderes geht. Das Ziel ist vielleicht wirklich ein anderes, die Methode aber, das Ziel zu erreichen und den Weg dorthin in ausgefeilter Form zu beschreiben, anzubieten und einzuüben, ist das, wonach der Vertrieb jetzt geradezu schreit.

Das Leitbild: Ora et labora et lege

„Ora et labora" ist der weithin bekannte Leitspruch des Benediktinerordens. Inzwischen ist er um das „lege" erweitert worden. Für die Entwicklung des Geistes war das Lesen zwar immer schon ein wichtiger Bestandteil benediktinischen Lebens gewesen. Weil aber zur Zeit Benedikts viele Menschen noch nicht lesen konnten, hat sich diese Ergänzung dieses Mottos erst spät durchgesetzt. „Ora et labora et lege": Bete, arbeite und lies. Benedikt hat früh erkannt, dass man Menschen sinnvoll beschäftigen muss, wenn man nicht will, dass sie dem Müßiggang verfallen. Er hat für jeden Tag eine feste Struktur geschaffen, die den Rahmen vorgibt, damit jeder Mönch weiß, was zu welcher Zeit von ihm verlangt wird. Die Suche nach Gott soll im Zentrum jeder Tätigkeit stehen, denn Gott wird nicht nur im Gebet verherrlicht, sondern eben auch gerade in körperlicher Arbeit, die man mit Freude und Eifer angehen soll. Am Sonntag allerdings sollen alle frei sein für die Lesung. Nur jenen, die nicht lesen konnten, wurden auch am Sonntag Arbeiten zugeteilt, damit sie nicht dem Müßiggang verfallen.

Wie lautet denn das Leitbild für Ihre Vertriebsorganisation? Was macht den Unterschied zu Ihren Wettbewerbern aus? Was ist das Besondere an Ihrem Vertrieb, das Sie in die Waagschale werfen können, wenn Sie neue Mitarbeiter anwerben wollen? Was sind die konkreten Eigenschaften und Verhaltensweisen, die man benötigt, wenn man in Ihrem Unternehmen erfolgreich sein will?

Das häufige Fehlen dieser Leitbilder ist oft der Grund dafür, warum die Kooperation mit einem neuen Mitarbeiter nicht lange andauert. Die Fluktuation ist ein ständiger und kostenintensiver Begleiter von Vertriebsstrukturen. Kein Wunder: Wie wollen Sie abklären, ob ein neuer Mitarbeiter zu Ihnen passt, wenn Sie nicht genau wissen, was Sie von ihm wollen?

Benedikt legt das Ziel seiner Organisation genau fest: Gott finden in Arbeit und Gebet, und davon leitet er konkrete Handlungsanweisungen ab. Bete, arbeite und lies! Das Ziel ist auch in den meisten Vertriebsstrukturen klar definiert. Es geht immer darum, bestimmte Produkte und Dienstleistungen in einer möglichst großen Anzahl am Markt zu platzieren. Die daraus abzuleitenden Handlungsanleitungen sind dagegen kaum festgelegt. Das ist der Hebel, an dem angesetzt werden muss, wenn man erreichen will, dass die Menschen sich im Unternehmen entwickeln und über einen langen Zeitraum hin an Bord bleiben.

Die Gelübde

Benediktiner legen im Laufe ihrer Probezeit drei Gelübde ab, bevor sie endgültig zur Gemeinschaft gehören können. Die Gelübde weisen die Richtung auf dem Weg zu Gott; sie sollen den Menschen Schritt für Schritt von seinen Bedürfnissen und seiner Selbstverliebtheit lösen, um ihn für etwas Größeres zu öffnen.

Armut: Loslassen, um reich zu werden

Der Mensch der heutigen Zeit verlangt nach Besitz, will immer mehr haben: das schnellere Auto als der Arbeitskollege, das größere Haus als der Nachbar, das bessere Handy als der Schulkamerad.

In unserer Konsumgesellschaft werden wir durch die Medien mit Angeboten von immer neueren und besseren Produkten konfrontiert, die man sich
angeblich zulegen muss, um dazuzugehören. Mit Kampfpreisen wird dem
Menschen suggeriert, dass er sich viel mehr leisten kann, als er glaubt. Und
wenn er erst einmal im Geschäft ist, geht man davon aus, dass er sich für
eine höherpreisige Ware entscheiden wird.

Der Konsumzwang führt zu innerer Unruhe und Angst. Man überlegt sich
ständig, wie man den eigenen Bedürfnissen und denen der Familie auf Dauer wird Rechnung tragen können. Man bedenkt gar nicht, ob es eine Möglichkeit gäbe, aus diesem Hamsterrad auszusteigen. Im Gegenteil, man versucht nach außen hin ein Bild bezüglich dessen, was man sich leisten kann,
aufrecht zu erhalten, auch wenn es schon längst nicht mehr der Realität
entspricht. So kommt es dann dazu, dass Familien auf Kredit in Urlaub
fahren, damit keiner auf die Idee kommt, man könnte sich das nicht mehr
leisten.

Benedikt weiß wohl, dass die Habgier des Menschen eine Sucht ist, die ihn
ergreift und nicht mehr loslässt, auch wenn sich das in früheren Zeiten wohl
in einem viel kleineren Rahmen abgespielt hat. Er weiß auch, dass die Konzentration auf die Vermehrung der Güter dem Wesentlichen im Leben ent-
gegensteht. So ist es nicht verwunderlich, dass er von seinen Mönchen den
Verzicht auf weltliche Güter verlangt. Denn erst, wenn man gelassen alles
andere lassen kann, ist man dabei, sich für das Wesentliche zu öffnen. Erst
wer loslässt, kann sich einlassen.

Loslassen und Einlassen kann auch eine sehr fruchtbare Grundlage für
die Entwicklung von Verkäufern sein. Loslassen von dem Gedanken,
dass man selbst alles kann und alles besser weiß, und Einlassen auf einen Weg, auf dem nichts mehr zufällig und beliebig geschieht, sondern
bedacht und geordnet. Die Entscheidung hierfür kann dem Verkäufer
niemand abnehmen, so wie auch den Mönch niemand überredet, von
nun an in Armut zu leben. Es muss eine freie, innere Entscheidung sein,
die am Anfang dieses Weges steht. Die Führungskraft kann und muss
dabei natürlich helfen. Es geht um die richtigen Fragen, die Bewusst-
sein erzeugen und Sehnsucht wecken. Es geht darum, in enger Führung
zu begleiten, zu ermutigen und zu unterstützen, damit die beabsichtigten Entwicklungsschritte geschehen können.

Gehorsam: Zuhören, um zu verstehen

Der Begriff „Gehorsam" ist in der heutigen Zeit extrem negativ besetzt. Mit diesem Wort wird meist verbunden, dass jemand Fremdes das eigene Leben beherrschen will, was natürlich mit der Selbstverliebtheit des Menschen der heutigen Zeit so gar nicht zusammengeht. Man beschäftigt sich lieber mit den eigenen Befindlichkeiten und Vorlieben und kommt gar nicht auf die Idee, dass da vielleicht jemand ist, der es gut mit einem meint. Jemand, der bereit wäre, sich mit uns zu beschäftigen, um einen Entwicklungsweg einzuleiten und diesen gemeinsam mit uns zu gehen. Freiheit, Mündigkeit, Emanzipation und Selbstbestimmung sind die Schlagwörter unserer Zeit, nicht Autorität, Gehorsam, Abhängigkeit und Dienstbereitschaft.

Gehorsam hat an dieser Stelle nichts mit dem blinden Ausführen von Befehlen zu tun. Der Mensch ist so angelegt, dass er nicht von sich selbst aus vollständig ist, er ist ein ergänzungsbedürftiges Wesen, das erst durch das Beispiel anderer und durch einen Führungsprozess wachsen und reifen kann. Die Art von Gehorsam, die hier gemeint ist, hat also viel mit „Hören" und „Horchen" zu tun. Erst wenn etwas vernommen worden ist, kann es den Menschen berühren und ihn bewegen, sich damit zu beschäftigen. Im Führungsprozess muss der Mensch deshalb darauf hoffen, auf eine erfahrene Führungskraft zu treffen, die ihm ein Beispiel ist und sich seiner annimmt. Eine Führungskraft, die jenes Wort spricht, das in ihm das Verlangen auslöst, nachzufolgen. Unter dieser Annahme ist der gehorsame Mensch der wahre freie und gelingende Mensch. Gehorchen können nur freie Menschen, nicht Marionetten.

„Komm und folge mir nach", das war die Formel, mit der Jesus von Nazareth seine Jünger angesprochen hat. Das wäre eigentlich auch eine gute Ansprache, wenn ein Verkaufsleiter neue Mitarbeiter für sein Team gewinnen will. Voraussetzung dafür ist aber, dass die Führungskräfte wissen, wohin die Reise geht. Erst wenn die Prozesse geordnet, das WAS und das WIE in den Abläufen erarbeitet und aufgeschrieben ist, erst dann lohnt es sich für einen Bewerber, sich für diesen Weg zu interessieren.

Die Frage, ob ein potenzieller Mitarbeiter bereit ist, mit Ihnen in einen echten Entwicklungsprozess einzusteigen, ist eine Frage, die Sie gleich zu Beginn der Gespräche mit ihm abklären müssen. Je klarer das Bild ist, das Sie dem Neuen von dieser Aufgabe zeichnen können, und je genauer Sie das geplante Wachstum beschreiben können, desto größer ist die Wahrscheinlichkeit, dass der Mitarbeiter Ihnen „gehorchen" wird. An dieser Stelle zeigt sich auch, wie hoch die Erwartungen an Führungskräfte gesetzt werden müssen. Da ist ein Mensch, der zumindest einmal ein paar Jahre unter Ihrer Führung etwas werden will. Das geht nicht so nebenbei, dafür müssen Energie und Zeit und das nötige Knowhow zur Verfügung stehen. Da muss jemand bereit sein, sich für die Entwicklung eines anderen verantwortlich zu fühlen. Die große Fluktuation im Vertrieb entsteht gerade auch deshalb, weil Führungsprozesse nicht gut genug gelingen. „Horchen" Sie deshalb in sich hinein, ob wirklich alle Voraussetzungen erfüllt sind, dass ein Neuer etwas werden kann, bevor Sie eine Stelle ausschreiben. Wenn Sie feststellen, dass noch nicht alles vorbereitet ist, dann sollten Sie „gehorsam" sein und tun, was zu tun ist.

Ehelosigkeit: Besondere Herausforderungen verlangen den ganzen Menschen

Benedikt war der Ansicht, dass es bestimmte Herausforderungen im Leben gibt, die den ganzen Menschen und nicht nur einen Teil von ihm fordern. Herausforderungen, die den Verzicht auf das fordern, das für viele von uns selbstverständlich geworden ist: die Familie. Welchen großartigen Gewinn muss sich ein junger Mensch erwarten, wenn er freiwillig darauf verzichtet?

Zunächst muss man sagen, dass die Nonnen und Mönche ja langsam in ihre Rolle hineinwachsen. Der endgültigen Aufnahme in ein Kloster geht ein Prozess voran, der jahrelang andauert und in der Probezeit jederzeit abgebrochen werden kann. Trotzdem bleibt ein großer Teil der Anwärterinnen und Anwärter und nimmt Ehe- und Familienlosigkeit in Kauf. Warum?

Junge Mönche haben mir erzählt, dass der Reifungsprozess von Anfang an die zur Verfügung stehende Energie voll und ganz für sich einfordert. Die Tagesstruktur der Neulinge ist straff organisiert. Die Eingewöhnung an den Rhythmus und die vorgeschriebenen geistigen und körperlichen Aktivitäten nehmen den ganzen Menschen in Beschlag. Und plötzlich merkt man, dass man dieses ungewöhnliche Leben schon ein paar Monate lang führt und immer mehr Gefallen daran findet, weil sich Erkenntnisse abzuzeichnen beginnen, die man „draußen" nicht gehabt hätte. Am Anfang ist es wohl so, dass man bewusst auf Ehe verzichtet und um diesen Teil in sich selbst trauert. Doch je länger das Wegstück wird, das man auf der Suche nach Gott gegangen ist, je tiefer man in die Geheimnisse des eigenen Lebens eingetaucht ist, desto mehr lernt man loszulassen. Ehelosigkeit wird dann nicht mehr als Verzicht erlebt, sondern als Voraussetzung, die das intensive Gehen dieses Weges erst ermöglicht hat.

Eine besondere Herausforderung fordert also den ganzen Menschen. Wenn man sich die Arbeitszeiten ansieht, die von den Top-Führungskräften im Vertrieb eingebracht werden, dann bleibt wohl auch nicht mehr viel anderes von diesem Menschen übrig. Und oft hat man das Gefühl, dass sich aus diesem Arbeitspensum heraus eine Ehelosigkeit ergibt, die zwar nicht bewusst eingegangen worden ist, aber die de facto besteht. Wie soll eine Ehe funktionieren, wenn die Manager die ganze Woche über nicht verfügbar sind? Wie will man die Entwicklung der Kinder positiv beeinflussen, wenn man nie da ist? Wäre es da nicht ehrlicher, von vornherein ganz auf Familie zu verzichten? Dann könnte man die Wochenenden auch noch getrost durcharbeiten, ohne dass man jemandem fehlt.

Es gibt Phasen, die im Job wirklich den ganzen Menschen fordern, dagegen ist ja gar nichts einzuwenden. Aber insgesamt ist das Übermaß der Arbeitszeit in den letzten Jahren wirklich zum gesellschaftlichen Problem geworden. Oft wäre schon die Einsicht ein erster Schritt. Es wird Zeit, dass wir Zeiten für Familie genauso fest im Terminplaner stehen haben wie die allerwichtigste Konferenz der nächsten Woche. Bei den Benediktinern ist die Ehelosigkeit Teil des Programmes. Im Vertrieb müssen wir darauf achten, nicht plötzlich ohne Familie dazustehen, ohne es gewollt zu haben.

Man kann hier aber auch das sprichwörtliche „Verheiratet sein" mit bestimmten Einstellungen und Verhaltensweisen anführen, die einer Entwicklung im Wege stehen. Es sind Grundannahmen unserer Persönlichkeit, die in Frage gestellt werden müssen, wenn sie die Entwicklung als Führungskraft oder als Verkäufer behindern. Da geht es um vorgefasste

Meinungen, dass etwas „so nicht gehen kann" oder „früher viel besser gewesen ist". Da geht es um das Verschließen vor Entwicklungsprozessen, die am Anfang nicht anders als schwierig sein können, die aber notwendig sind, wenn wir unsere Wirkung verbessern wollen. Schließlich geht es auch um das Entdecken und Überschreiten der eigenen „roten Linien", um sich zu verändern und für Neues zu öffnen.

Am Schluss der Überlegungen zu dem Themenkreis Gelübde möchte ich Sie dazu einladen, einmal darüber nachzudenken, welche Gelübde Sie von Ihren Mitarbeitern einfordern würden, um ein positives Fortkommen Ihres Verkaufsgebietes zu ermöglichen. Überlegen Sie aber auch, welcher Gelübde Sie bereit wären, Ihren Mitarbeitern zu geben für das Führungsverhalten, das sie von Ihnen erwarten können.

Die Organisation

Benedikt wollte einen Orden gründen, in dem nicht nur das Beten im Mittelpunkt steht, sondern auch das praktische Arbeiten und die Lesung. Die Mönche sollten sich ihren Lebensunterhalt selbst erwirtschaften und nicht von Almosen und Spenden abhängig sein. Für die Organisation des Ordens bedeutete das, Funktionen zu beschreiben und zu besetzen, damit sowohl die spirituelle Entwicklung der Menschen als auch der reibungslose Ablauf von Arbeitsprozessen gewährleistet ist. Die wichtigsten Funktionen möchte ich hier anführen:

Der Abt

Der Abt (Vater) eines Klosters ist für das Kloster insgesamt und alle Abläufe verantwortlich. In der Regel handelt es sich dabei um einen erfahrenen Bruder, der selbst viele Jahre in dieser Klostergemeinschaft verbracht und die Reife erlangt hat, eine so große Aufgabe zu übernehmen. Der Abt wird von der Versammlung der Brüder vorgeschlagen und schließlich gewählt. Wenn er die Wahl annimmt, dann ist er prinzipiell auf Lebenszeit gewählt. In der Praxis kommt es aber oft vor, dass der Abt im Alter von sich aus zurücktritt, damit die Verantwortung einem jüngeren Bruder übertragen werden kann.

Der Prior

In größeren Klöstern gibt es neben dem Abt einen Prior, der dem Abt vor allem organisatorische Abläufe abnehmen soll. Er wird vom Abt ernannt. Der Prior steht an der Spitze der Klosterbrüder, verteilt die Arbeit und vertritt den Abt in dessen Abwesenheit. Er ist auch der Leiter der Versammlungen der Brüder und versucht, einen großen Teil der auftretenden Probleme zu lösen, ohne den Abt selbst damit zu belasten.

Der Cellar

Er hat die Verantwortung für die materiellen Angelegenheiten des Klosters. In den Anfängen war er die Person, die für den „Keller" zuständig war, wovon sich auch der Name ableitet. Der Cellar hatte die Vorräte zu beschaffen, ordnungsgemäß zu lagern und über deren Verwendung zu bestimmen. Große Klöster sind heutzutage Wirtschaftsbetriebe. Oft gibt es eigene Forstwirtschaften und handwerkliche Betriebe sowie die Erzeugung von Produkten aus eigener Landwirtschaft. All das steht dann unter der Verantwortung des Cellars.

Der Novizenmeister

Die Führung und Betreuung von Neulingen übernimmt der Novizenmeister, der damit eine sehr zentrale Stelle inne hat. Er ist während der Erprobungs- und Ausbildungszeit der direkte Ansprechpartner des Neulings (Novize). Seine Aufgabe ist es, dem Novizen die Einübung in das Ordensleben zu erleichtern und als vertrauensvoller Ansprechpartner zur Verfügung zu stehen.

Die Erprobungszeit eines Neulings dauert mehrere Jahre, bis er schließlich um die endgültige Aufnahme (ewige Profess) ersuchen kann. Der Rat der Brüder entscheidet dann gemeinsam darüber, dem Wort des Novizenmeisters kommt dabei eine entscheidende Bedeutung zu.

Bei der Besetzung von Funktionen wird großer Wert darauf gelegt, dass jemand eine solche Position nicht aus Eigensinn oder Eigennutz anstrebt. Benedikt weist darauf hin, dass sich Hochmut einschleichen könnte, wenn jemand kraft einer Funktion die Aufgabe erhält, seine Brüder anzuweisen. Darum ist vorher genau zu prüfen, ob der in Frage kommende auch wirklich würdig ist, solch ein Amt zu bekleiden. So betrachtet gibt es auch so etwas wie Karriere im Kloster. Das Amt und der Nutzen daraus für die Gemeinschaft müssen jedoch immer im Mittelpunkt stehen, nicht der Amtsträger.

Für den Vertrieb können wir aus diesen Darstellungen zunächst einmal lernen, dass Funktionen und Aufgaben klar verteilt sein müssen, damit der Vertriebsprozess reibungslos ablaufen kann. Die Verantwortung in den Funktionen muss klar definiert sein, damit es nicht ständig passiert, dass Entscheidungen von Oberen überrollt werden.

Deutlich wird auch, dass jemand für die Funktion, die man ihm gibt, geeignet sein muss. Oft kommt es vor, dass gute Verkäufer zur Führungskraft gemacht werden, ohne dass man vorher abklärt, ob die Person wirklich dafür geeignet ist. Ich habe in meinen Seminaren und Coaching-Gesprächen immer wieder mit Menschen zu tun, die zum Verkaufsleiter eines kleines Teams gemacht worden sind, nur deswegen, weil sie als Verkäufer positiv aufgefallen sind. Wenn ich dann solche Menschen bitte, mir zwei Situationen aus den letzten beiden Arbeitswochen zu beschreiben, die ihnen besonders großen Spaß gemacht haben, dann werden meist Beispiele angeführt, die den eigenen Verkauf betreffen und nicht das Führen von Mitarbeitern. Die Führungskraft ist dann wohl in der neuen Rolle noch nicht angekommen, und man muss bezweifeln, ob sie sich jemals wirklich damit identifizieren wird.

Darüber hinaus lernt man aus dieser Darstellung, dass Menschen selten besonders gute Führungskräfte werden, wenn sie ihre Aktivitäten immer nur auf den nächstmöglichen Karriereschritt hin ausrichten. Da fehlt es dann oft an Demut und dem Wunsch, anderen bei ihrer Entwicklung dienlich zu sein. Die eigene Person steht zu sehr im Mittelpunkt und nicht die Aufgabe. Wenn man da, wo man gerade ist, einen guten Job macht und sich voll und ganz auf die Aufgabe einlässt, dann ergeben sich Karriereschritte ganz von selbst.

Wichtig ist auch, dass man langsam heranreift und nicht schnell irgendwohin geschoben wird, wo man sich einfach aufgrund der fehlenden Erfahrung noch nicht zurechtfinden kann. Ich kenne den Vertriebsvorstand eines Unternehmens sehr gut, der das Geschäft von Grund auf gelernt hat und deshalb auf allen Stufen seiner Karriere immer wusste, wovon er sprach. Diese Erfahrungen helfen dann natürlich, praktisch zu denken und zu handeln, wenn man plötzlich Verantwortung für sehr viele Menschen trägt. Gerade im Vertrieb ist es wichtig, dass Praktiker das Sagen haben, damit nicht an den Bedürfnissen der Kunden und der Mitarbeiter vorbei geführt wird.

Der Tagesablauf

Benedikt hat erkannt, dass alles, das reifen will, eine Struktur benötigt, die es stützt und erhält. Die Tagesstruktur gilt für die ganze Woche, nur am Sonntag ruht die Arbeit zwischen den Gebetszeiten, und alle Mönche sind frei für die Lesung bzw. Erholung.

Der Tagesplan ist durchaus ambitioniert. 16 Stunden pro Tag sind für Gebets-, Arbeits- und Ruhezeiten verplant, die Nachtruhe dauert acht Stunden. Der Ablauf ist insgesamt ausgewogen. Zwölf Stunden sind für Gebet und Arbeit reserviert, zwölf Stunden für die Nachtruhe und die Ruhezeiten am Tag. Wenn man selbst Zeit in einem Kloster verbringt und mit den Mönchen lebt, so wie ich es schon mehrmals getan habe, dann hat man nie das Gefühl, dass man nicht ausgelastet ist. Im Gegenteil: Die Tagesstruktur erfordert einen hohen Energieaufwand, wenn man sich auf die angebotenen Inhalte und Entwicklungsprozesse einlässt. Dazu kommt das frühe Aufstehen, an das man sich erst gewöhnen muss. Man erkennt aber sehr schnell, dass die „Morgenstund" wirklich „Gold im Mund" hat. Das Werden des Tages bewusst wahrzunehmen, lohnt die Mühe des frühen Aufstehens.

Der Sinn der Tagesplanung ist, dass sich niemand überlegen muss, was er als nächstes tun soll, sondern sich darauf konzentrieren kann, die vorgegebenen Strukturen mit Inhalten zu füllen. Wenn das WAS schon vorhanden ist, kann man sich auf das WIE konzentrieren. Die feste Tagesstruktur soll den Mönchen auch helfen, nicht dem „Müßiggang" zu verfallen, denn dieser ist, wie Benedikt in seiner Regel schreibt, „der Feind der Seele".

Die Tagesstruktur ist als Rahmen zu verstehen, der die klösterlichen Abläufe insgesamt beinhalten muss, auch wenn die genauen Tageszeiten von Kloster

zu Kloster verschieden sind. Die örtlichen Gegebenheiten spielen in diesem
Zusammenhang natürlich eine Rolle und auch die Erfahrungen. Der Abt ist
frei, wie Benedikt sagt, die Struktur gemeinsam mit den Mönchen so festzulegen, dass die Suche Gottes in Gebet und Arbeit in einer Form stattfinden
kann, die den Gegebenheiten angepasst ist.

Ein typischer Tagesablauf in einem Kloster sieht in etwa so aus:

Uhrzeit	Aktivität
05:00 Uhr	Wecken
05:30-06:15 Uhr	Morgenlob, anschließend stille Zeit
06:45-07:15 Uhr	Chorgebet, anschließend Frühstück
07:30-12:30 Uhr	Arbeitszeit
12:45 Uhr	Mittagsgebet
13:00 Uhr	Mittagessen, anschließend Mittagspause
14:30-17:30 Uhr	Arbeitszeit
17:45 Uhr	Messfeier
18:30 Uhr	Abendlob
19:00 Uhr	Abendessen, anschließend Erholungszeit
20:15 Uhr	Nachtgebet, anschließend stille Zeit und Nachtruhe

Die feste Tagesstruktur ist nicht nur für den Mönch ein zentrales The-
ma. Sie ist die Basis für den gelungenen Entwicklungsprozess jedes
Menschen. Gerade im Vertrieb besteht in dieser Hinsicht noch großer
Nachholbedarf.

Verkäufer berichten oft, dass sie die „freie Zeiteinteilung" an ihrem
Beruf sehr schätzen. Zugleich steckt hier aber eine große Gefahr, denn
freie Zeiteinteilung heißt oft, dass man eben nicht konkret plant. Ty-
pisch für den Vertrieb ist außerdem, dass das System nicht gleich zu-
sammenbricht, wenn sich Unordnung einschleicht, wie das z. B. in einem Krankenhaus oder im Cockpit eines Flugzeugs der Fall wäre. Eine
unsaubere Arbeit des Verkäufers fällt auch seiner Führungskraft nicht

immer sofort auf, es sei denn, sie steht mit ihm in täglichem intensiven Kontakt.

Die Erstellung eines genauen Wochenplanes ist also gerade für den selbstständigen Verkäufer ein unbedingtes Muss. Im ersten Schritt sollten alle Tätigkeiten aufgelistet werden, die für diesen Beruf wichtig sind: Terminvereinbarung, Kundentermine und deren Vor- und Nachbearbeitung, Ausbildung, Führungsgespräch, Team-Meeting, Bürotätigkeit. Im nächsten Schritt sollte dann die Zeit geschätzt werden, die für die einzelnen Tätigkeiten zu veranschlagen ist, und schon kann man daran gehen, einen Wochenplan zu erstellen. Wichtig ist, dass dieser Plan den ganzen Menschen betrifft, Sport, Freizeit und Familienaktivitäten gehören selbstverständlich dazu.

Im nächsten Schritt geht es darum, diesen Plan zu erproben, zu festigen und nötigenfalls da und dort anzupassen. Die Führungskraft ist gefordert, dabei hilfreich zur Seite zu stehen.

Der konkrete Wochenplan ist aber auch die Voraussetzung für einen gelungen Führungsprozess. Nur eine Führungskraft, die sehr konkret plant, wird in der Lage sein, die vielfältigen Aufgaben in einem vernünftigen Ausmaß von Arbeitsstunden in der Woche unterzubringen.

Voneinander lernen

Ein Benediktinerkloster, ein Vertriebsunternehmen – passt das irgendwie zusammen? In diesem Kapitel habe ich versucht, das Werden des Benediktinerordens nachzuzeichnen und den Erfahrungen im Vertrieb gegenüberzustellen. Ich wollte zeigen, dass das Übertragen der 1500 jährigen Erfahrungen des Ordens fruchtbar für die Weiterentwicklung von Vertriebsprozessen genutzt werden kann. Es hat mich an manchen Stellen selbst überrascht, wie sich das Bild fast wie von selbst zusammenfügt. Vertrieb gelingt dann gut, wenn Menschen gut geführt werden, wenn die Erwartungen an sie klar definiert sind, wenn die Handlungen, die zum Erfolg führen, genau beschrieben und für die praktische Anwendung ausformuliert sind. Zu diesen Anforderungen habe ich aus der Erfahrung der Benediktiner zum Aufbau einer die Jahre überdauernden Organisation und zum wirkungsvollen Führen von Menschen viel gelernt. Ich hoffe, dass Sie, liebe Leserinnen und Leser, daraus konkrete, einzelne Punkte mitnehmen können und sie gewinnbringend in Ihrem Unternehmen umsetzen können.

Wenn man sich die Dinge noch genauer ansieht, erkennt man, dass das Potenzial des Lernens noch lange nicht ausgeschöpft ist. Wir haben hier ausgeführt, wie der Vertrieb von den Benediktinern profitieren kann, und haben uns dieser Welt geöffnet. Die Frage ist nun, ob auch die Benediktiner einen Gewinn davon hätten, sich der Welt des Vertriebes zu öffnen, um von dem dort entwickelten Know-how zu profitieren, zum Beispiel für die Vermarktung der Produkte aus eigener Landwirtschaft und den Handwerksbetrieben oder auch für die Gestaltung und Vermarktung der Seminare, die in vielen Klöstern angeboten werden. Vielleicht kann man sich sogar auch eine Job-Rotation vorstellen, etwa dass ein Manager eine Zeitlang ein Klosterleben führt und dafür ein Mönch sich eine Weile in einer Vertriebseinheit aufhält. Oder wie wäre es mit Know-how-Transfer, um neue Interessenten für das Klosterleben zu finden?

Lassen wir es einfach auf uns zukommen, ob ein intensiveres Miteinander in Zukunft möglich sein wird. Vielleicht wird mit diesem Buch eine Saat gesetzt, und vielleicht ist es schon bestimmt, dass sie aufgeht.

5. Kapitel: Die Benediktsregel

Zur Entstehung

„Gehen wir mit Gottes Hilfe daran,
den Mönchen eine Ordnung zu geben!"
(Kapitel 1/13)

Montecassino, im 6. Jahrhundert nach Christi

Ein Mann sitzt am Schreibtisch seines Zimmers im Kloster Montecassino. Tinte, Feder und Papier sind vorbereitet. Sein Blick richtet sich nach Westen, auf eine fruchtbare Ebene, auf Berge und auf das Meer, das er in großer Entfernung erkennen kann. Die Zeit ist gekommen, seine Erfahrungen in der Führung von Menschen zu Gott und in der Organisation des Zusammenlebens aufzuschreiben. Die Erkenntnisse hatten sich im Laufe der Jahre soweit gefestigt, dass es ihn drängt, sie in Schriftform zu bringen, damit feststeht und nachzulesen ist, was für die Entwicklung von Menschen und ihrem Zusammenleben nötig ist. Benedikt von Nursia beginnt, seine Regel zu schreiben.

Die Grundlage der Benediktsregel ist die Bibel. Benedikt hat die zentralen Aussagen der Heiligen Schrift beleuchtet und auf die konkreten Anforderungen des Zusammenlebens in einer klösterlichen Gemeinschaft übertragen. Dabei interessierten ihn jene Teile ganz besonders, in denen es um den Aufbau der ersten Christengemeinde ging: Jesus von Nazareth und seine Apostel. Benedikt nahm sich ein Beispiel daran, wie Jesus seine Jünger geführt hat. Er betrachtete genau, wie das Zusammenleben der Zwölf mit ihrem Meister entstanden ist, welche Strukturen sich entwickelten, was alles geregelt wurde und wie die Kommunikation in der Gruppe vor sich ging. Darüber hinaus war er als Grundlage seiner Regel besonders an jenen Stellen der Heiligen Schrift interessiert, in denen ausgeführt wird, was es braucht, um sich als Mensch Schritt für Schritt zu Gott hin zu entwickeln. Weitere Quellen waren Aufzeichnungen aus der Frühzeit des Mönchtums. Schon lange vor Benedikt waren Lebensformen als Vorläufer klösterlicher Gemeinschaften erprobt und aufgeschrieben worden. Außerdem gab es

Berichte über Vorbilder, die ihr Leben in Einsamkeit verbracht hatten mit dem Ziel, sich ganz für Gott zu öffnen.

Das, was er geschrieben hat, hat er selbst erfahren und erprobt. So kann die Regel auch durchaus als Spiegel von Benedikts Leben betrachtet werden. Wer sein Wesen und sein Leben genauer kennenlernen will, kann in der Regel alles finden, was Benedikt vorgelebt hat. Es drängte ihn, das zu leben, was er lehrte.

Benedikt geht aber nicht davon aus, dass er die Erkenntnisse aus eigener Leistung heraus gehabt hatte. Er sieht sich durch göttliche Fügung an einen Platz gestellt, an dem es möglich war, zu erleben und erfahren. Er betrachtet seine Rolle als die eines Dienstleisters und erkennt für sich als Auftrag, das, was ihm geschenkt wurde, weiterzugeben.

Benedikt ist der Ansicht, dass der Sinn dieses Lebens darin besteht, sich Schritt für Schritt für das Göttliche zu öffnen. Für diesen Weg braucht es einen Lehrer, der liebt, begleitet, fördert und fordert. So sieht er in jedem Menschen, der sich eines anderen annimmt, um ihn abzuholen, zu fördern und zu formen, eine Wirkung des Göttlichen auf Erden.

Die Benediktsregel ist kurz gefasst, sie soll niemanden überfordern. Sie vermittelt praktisches Wissen und konkrete Handlungsanweisungen. Nichts bleibt offen, was in einem Kloster zu regeln ist, alles wird aufgenommen und ausgeführt. Die Regel ist in 73 Abschnitte unterteilt. Manche davon brauchen nur wenige Worte, manche sind sehr ausführlich dargestellt und zeigen damit die Bedeutung, die Benedikt ihnen zugemessen hat.

Im Folgenden möchte ich Ausschnitte aus der Regel anführen, die für die Entwicklung von Verkäufern und Führungskräften im Vertrieb besonders wertvoll sind. Dabei werde ich auch Hinweise geben, wie man aus den einzelnen Punkten konkret für den Vertrieb profitieren kann. Die Zahlenangaben nach den Zitaten beziehen sich auf den Abschnitt und die entsprechende Zeile in der Benediktsregel.

Die Regel im Detail

Der Grundsatz

> *„Höre, mein Sohn, auf die Weisung des*
> *Meisters, neige das Ohr deines Herzens,*
> *nimm den Zuspruch des gütigen Vaters*
> *willig an und erfülle ihn durch die Tat."*
> *(Prolog/1)*

Benedikt spricht den Menschen im Herzen an. Er lädt ihn ein, sich für einen Weg zu öffnen, der ihm Erkenntnis und Entwicklung verspricht. Er will den Menschen wegführen von egoistischen Regungen und der Gefahr, sich selbst zu wichtig zu nehmen, denn das *„Gute entsteht nicht durch eigenes Können, sondern durch den Herrn"* (P/30).

Demnach steht also der, der sich selbst zu wichtig nimmt, der eigenen Entwicklung im Wege. Wer sich selbst genügt und sich nicht dafür öffnet, geführt und entwickelt zu werden, der kann auf seinem Lebensweg nicht sehr weit kommen. Benedikt fordert eine Orientierung weg von der Begrenztheit der eigenen Person und hin zu Menschen, die uns Wege aufzeigen.

Der Lebensweg wird unter diesem Aspekt ein Entwicklungsweg, und der Sinn des Lebens besteht darin, morgen einen kleinen Schritt weiter zu sein als heute, um letztendlich frei von der eigenen Beschränkung und reif dafür zu sein, den eigenen Auftrag erfüllen zu können. Für Benedikt ist das Leben deshalb als eine Frist zu verstehen, die uns geschenkt worden ist, damit wir uns zum Wesentlichen hinbewegen. Das erfordert ein Aussteigen aus dem Alltagstrott und eine bewusste Ausrichtung auf die Entwicklungsmöglichkeiten, die das Leben für uns bereit hält. Es ist nie zu spät, meint Benedikt, umzukehren *und mit dem eigentlichen Leben zu beginnen*. Manche Menschen öffnen sich schon in einer frühen Lebensphase, manche später und manche eben gar nicht.

Für den Entwicklungsweg jedes Einzelnen bietet Benedikt in seiner Regel eine ganz konkrete Hilfe an: *„Wir wollen also eine Schule für den Dienst des Herrn einrichten"* (P/45). Ein Schulweg ist natürlich auch immer ein Entwicklungsweg. Nichts fällt einem von selbst in den Schoß. Man muss bereit sein, sich einzulassen, sich mit dem, was angeboten wird, zu beschäftigen und es sich zu eigen machen. Der Anfang ist nicht immer leicht, oft werden wir dabei von Unsicherheit, Überforderung und Zweifel geplagt. Doch sollten wir uns nicht *„von der Angst verwirren lassen und nicht vom Weg des Heils fliehen, denn er kann am Anfang nicht anders sein, als eng"* (P/48).

Bevor jemand in ein Kloster eintritt, ist genau zu prüfen, ob er von Herzen das sucht, was ihn dort erwarten wird. Nur wer die richtige Einstellung mitbringt, wird auf diesem Weg finden, was er sucht.

In diesem Kapitel geht es also um die Einstellung, mit der man sein Leben und seinen Beruf angehen soll und das Verhältnis des Menschen zu Führung und Entwicklung.

Gerade der Beruf des Verkäufers hängt stark von seiner Einstellung zum Job ab. Der Beruf bringt jeden Tag neue Herausforderungen mit sich, die nur von demjenigen gelöst werden können, der bereit ist, sich darauf einzulassen. Wo das Innere eines Menschen nicht das spiegelt, was er nach außen tun soll, kann ein Führungsprozess nicht erfolgreich verlaufen. Wenn aber die Identifikation mit der Aufgabe spürbar ist, dann muss die Technik erlernt werden, um die Aufgabe erfolgreich bewältigen zu können. Das gelingt besonders gut, wenn der Mitarbeiter zu der Erkenntnis gebracht werden kann, dass man gerade am Anfang seiner Entwicklung unfertig ist und das eigene Können erst dann entwickelt werden kann, wenn er das Gute in der Erfahrung und im Beispiel des andern sieht, der ihm zur Seite gestellt wird. Das ist meiner Erfahrung nach gerade im Verkauf alles andere als selbstverständlich. Darum ist die Aufforderung Benedikts, „die Weisung des Meisters zu hören", gerade für die Entwicklung von Verkäufern von großer Bedeutung. Es muss aber eben auch ein „Meister" da sein, der weiß, wovon er spricht, und der bereit ist, sich auf den Verkäufer einzulassen.

Die Aufgabe der Führungskraft ist es also, den Verkäufer an dieser Stelle abzuholen und in ihm die Sehnsucht nach einem Weg zu wecken, der ihm Erfüllung und Erfolg im Beruf verspricht. Damit hat er dann aber auch die Verantwortung dafür übernommen, den Mitarbeiter so zu begleiten, dass die beabsichtigte Entwicklung auch wirklich eintreffen kann. Am Anfang dieses Weges sind dabei Rückschläge zu erwarten, weil die Routine noch fehlt und weil man sich den Job sehr häufig leichter vorgestellt hat, als er ist.

Zum Erlernen der Technik rät Benedikt, eine Schule einzurichten. Für den Vertrieb heißt das, dass Lernformen gefunden werden müssen, damit sich Verkäufer entwickeln können. Für das Lernen bieten sich unterschiedliche Strukturen an: In themenorientierten Seminaren kann man eine ganze Gruppe von Verkäufern in Fachwissen und Verkaufstechnik auf einmal schulen. Darüber hinaus muss es auch Formen geben, die ganz speziell auf den Entwicklungsstand des Einzelnen abzielen. Das praktische Führungsgespräch mit diesem Schwerpunkt und die Begleitung des Mitarbeiters zum Kunden mit anschließender gemeinsamer Reflexion bieten sich hierfür an. Der Verkäufer muss die Fragen für alle Phasen des Verkaufsgespräches beherrschen, er muss mit Kundeneinwänden umgehen können, er muss Argumente parat haben. Benedikt ist der Überzeugung, dass es die Verantwortung der Führungskraft ist, dafür zu sorgen, dass der geführte Mensch das WIE seines Berufes beherrscht. Im Vertrieb muss die Führungskraft demnach sicher stellen, dass alle Aspekte der Verkaufstechnik erarbeitet und trainiert werden.

Der Abt

> *„Die Schuld trifft den Hirten, wenn der*
> *Hausvater an seinen Schafen zu wenig*
> *Ertrag feststellen kann!"*
> *(2/7)*

Das Kapitel über den Abt ist in der Regel sehr ausführlich. Er erscheint als zentrale Funktion, die in allen Belangen für die Entwicklung der Gemeinschaft verantwortlich ist.

Als erster Aspekt wird die Vorbildfunktion des Abtes dargestellt: *„Er mache alles Gute und Heilige mehr durch sein Leben als durch sein Reden sichtbar"* (2/12). Als Abt kann demnach nur eine Person fungieren, die sich lange Zeit den Prozessen in einem Kloster ausgesetzt hat und daran gereift ist. Sie muss im Laufe der Jahre die Abläufe und die Wege so sehr internalisiert haben, dass sie in ihrem Verhalten den Brüdern ein Beispiel geben kann.

Er ist ein Hüter der Ordnung, hat aber auch dafür zu sorgen, dass die Mönche den Sinn der Ordnung verstehen. Dieser Sinn besteht ja nicht darin, jemanden zu quälen, sondern in der Erkenntnis, dass man sich ohne Strukturen nicht entwickeln kann. Die Ordnung ist demnach ein Mittel zum Zweck und darf nicht als Selbstzweck betrachtet werden. Trotzdem ist ihre Einhaltung mit Strenge zu beobachten und es sind Maßnahmen zu setzen, wenn jemand Fehler macht: *„Er darf auf keinen Fall darüber hinwegsehen, wenn sich jemand verfehlt"* (2/26). Das ist nachvollziehbar, weil es die Moral der Gemeinschaft schwächen würde, wenn sich alle anstrengen, aber der, der das nicht tut, mit keinen Konsequenzen zu rechnen hätte.

Über der Ordnung muss aber immer die Liebe stehen, als Fundament, auf dem die Führungsbeziehung aufbaut. Die Aufforderung, der Abt *„hasse die Fehler, er liebe die Brüder"* (64/11), meint, dass er die Brüder in Liebe in ihrer Fehlerhaftigkeit annehmen soll, damit gemeinsam an der Besserung gearbeitet werden kann.

Benedikt weiß aber, dass die Menschen unterschiedlich sind und auf Interventionen der Führungskraft unterschiedlich reagieren. Außerdem gibt es Situationen im Tagesablauf, die unterschiedlich ausgeprägt sein können und deswegen jeweils einer gründlichen Betrachtung bedürfen, bevor man anhand der Regel weitere Maßnahmen und Schritte setzt. So gehört das Ermutigen genauso zu den Aufgaben des Abtes wie das Tadeln. *„Er lasse sich von dem Gespür für den rechten Augenblick leiten und verbinde Strenge mit gutem Zureden"* (2/24). Situatives Führen ist also gefragt, wenn auch die Regel und ihre Anweisungen immer bedacht werden müssen.

Die Würde der Funktion drückt sich laut Benedikt schon allein darin aus, wie man den Oberen anredet. „Abt" bedeutet Vater, und er *„verwirkliche durch sein Tun, was diese Anrede für den Oberen bedeutet"* (2/1). Der Vater ist eine Führungskraft, der in seinen Mitarbeitern seine Kinder sieht und sich genauso für sie verantwortlich fühlen sollte, wie man das eben von guten Müttern und Vätern erwartet. Er ist verantwortlich für die Entwicklung seiner Gemeinschaft als ein Hirte, der dem Hausvater einmal den Ertrag an seiner Herde abliefern muss.

Der Abt ist der, der Entscheidungen zu treffen hat. Ihm werden aber nicht nur einsame Entscheidungen zugemutet. Benedikt empfiehlt, dass der Abt die ganze Gemeinschaft zusammenrufen soll, sobald etwas Wichtiges im Kloster zu entscheiden ist. Interessant dabei ist, dass Benedikt alle Brüder bei diesen Versammlungen sehen will, nicht nur ein paar Delegierte, und dies deswegen, weil *„der Herr oft dem Jüngeren offenbart, was das Bessere ist"* (3/3). Die Erfahrungen, die die Menschen aus ihrem früheren Leben in die Klöster mitgebracht haben, sind eben unterschiedlich, wie auch der Blickwinkel, aus dem einzelne Menschen die Prozesse sehen. Der Jüngere kann also durchaus eine Gemeinschaft weiterbringen, wenn man ihn anhört. Die Entscheidung liegt letztendlich aber immer beim Abt.

Die Schuld trifft also den Hirten, wenn der Hausvater zu wenig Ertrag an seiner Herde feststellt. Führung ist folglich nicht teilbar, Verantwortung nicht delegierbar. Der Abt hat alles zu regeln und zu organisieren, was zum Erreichen des Zieles notwendig ist.

Kann man sich vor dem Hintergrund solcher Anforderungen überhaupt noch eine Führungsfunktion zumuten? Ist das nicht eine zu große Herausforderung? Mehr als sich ehrlich für den Prozess zu engagieren, kann man von einer Führungskraft nicht erwarten, und es hat auch keinen Sinn, die eigene Leistung zu kritisch zu betrachten, weil damit auch immer der Handlungswille eingeschränkt wird. Gehen Sie es ruhig gelassen an, und vertrauen Sie darauf, dass Ihnen geholfen wird, wenn Sie sich bewusst auf diesen Weg machen.

Der erste wichtige Schritt ist der bewusste und echte Einstieg in den Führungsprozess. Nicht nur begleiten, kümmern und fördern, sondern eben wirklich führen. Dafür ist eine genaue Betrachtung der Einstellung und Verhaltensweisen des Mitarbeiters Voraussetzung und der Mut, die Beobachtungen konkret zurückzumelden und dranzubleiben, bis die Entwicklung eingesetzt hat.

Führen geht also nicht so nebenbei, es braucht Zeit und Energie. Die Herausforderung für die Führungskraft besteht darin sicherzustellen, dass die Zeit dafür zur Verfügung steht. Es müssen ja nicht immer nur Gespräche mit einzelnen Mitarbeitern sein, man kann auch Themen, die mehrere Mitarbeiter betreffen, wie zum Beispiel Neulinge, in gut strukturierten Gruppensitzungen behandeln. Auch Einzelgespräche benötigen viel weniger Zeit, wenn sie gut strukturiert und vorbereitet sind.

Wenn es der Führungskraft gelingt, den eigenen Redeanteil auf das Nötigste zu reduzieren, und dafür mit Fragen zu arbeiten, die schnell zum Kern der Sache kommen, dann kann man auch in kurzer Zeit viel erreichen. Wer mit guten Fragen und Pausen führt, erreicht in der Hälfte der Zeit die doppelte Wirkung.

Trotzdem kann eine Gruppe von Verkäufern, die direkt von einer Führungskraft geführt wird, nicht beliebig groß sein. Die Zahl 12, die in der Bibel und bei Benedikt immer wieder genannt wird, ist auch meiner Erfahrung nach eine Größe, die man nicht unbedingt überschreiten sollte, es sei denn, dass es sich hierbei auch um Mitarbeiter handelt, die in ihrer Entwicklung schon so weit sind, dass sich der Führungsaufwand in Grenzen hält. Größere Strukturen brauchen dann eben auch mehrere Führungsebenen, die übrigens auch von Äbten größerer Klöster eingeführt werden. Die Verantwortung für die direkte Entwicklung und Förderung eines Mitarbeiters kann aber immer nur bei einer Person liegen. Führung ist nicht teilbar, direkte Verantwortung ist nicht delegierbar, wenn auch die Abwicklung des Prozesses arbeitsteilig erfolgen kann. Ein Mensch hat eben nur einen Vater.

Die Top-Führungsebene des Unternehmens ist gefordert, den Führungsprozessen die Zeit zu geben, die sie benötigen. Es macht keinen Sinn, vorschnell nur auf Zahlen zu sehen. Vorerst ist es wichtig, sicherzustellen, dass der Führungsprozess eingeleitet worden ist. Dann stellt sich der Erfolg von selbst ein. Wer mit der Kraft der Ordnung führt, der wird zwangsläufig erfolgreich zu sein.

Die Gebetsordnung

„Sieben Mal am Tag singe ich Dein Lob."
(16/1)

Benedikt widmet der Gebetsordnung einen sehr breiten Raum. Nun, wenn man in ein Kloster geht, dann erwartet man, dass dort gebetet wird. Dass die Auflistung der Abfolge der Gebete aber so detailliert ausfällt, ist auf den ersten Blick überraschend.

Zunächst ist zu sagen, dass der Hauptteil der Gebete aus dem Sprechen oder Singen der Psalmen besteht, jener 150 überlieferten Meditationen, die schon lange vor der Entstehung des Christentums im jüdischen Volk gebetet worden sind. Im Alten Testament der Heiligen Schrift kann man die einzelnen Texte nachlesen und bekommt dann einen Eindruck davon, wie Menschen vor 3000 Jahren gebetet haben. Man findet in diesen Texten suchende Menschen in allen Lebenssituationen, im größten Glück und in der tiefsten Verzweiflung, und es werden Wege aufgezeigt, die den Suchenden Orientierung geben können. Alle Psalmen zusammen werden als Psalter bezeichnet. Benedikt legt fest, dass der gesamte Psalter innerhalb einer Woche durchgesungen werden soll.

Die Abfolge der Psalmen wird ganz genau beschrieben und nimmt auch einen erkennbaren Schwerpunkt im gesamten Regelwerk ein. So lesen wir z. B., dass zum Morgenlob am Sonntag zuerst Psalm 66 zu singen ist. Danach folgen Psalm 50, Psalm 117 und Psalm 62. Genauso werden für alle weiteren Gebetszeiten der Woche die Inhalte ganz konkret festgelegt. Wie die Reihenfolge zustande gekommen ist, wird nicht beschrieben. Man kann aber annehmen, dass Themenschwerpunkte dabei eine Rolle gespielt haben ebenso wie die unterschiedliche Länge der Psalmen, die in den vorgegebenen zeitlichen Rahmen eingepasst werden mussten.

Benedikt war also der Überzeugung, dass das Singen der Psalmen hervorragend geeignet ist, um den Mönch auf seinem Weg zu Gott zu begleiten. Man kann sich gut vorstellen, dass ein junger Mönch am Anfang nur den Text hört, mitsingt, aber noch nicht wirklich begreift, worum es dabei geht. Es braucht Jahre der Einübung, bis das, was da steht und gemeinsam gesungen wird, den Weg in das Innere des Menschen findet und ihn von innen heraus langsam verändert. Benedikt hatte ein klares Ziel vor Augen. Er wolle die Menschen auf den Weg zu Gott bringen. Das geordnete Singen der Psalmen war die Methode, die er zur Erreichung dieses Zieles festgelegt und im Detail beschrieben hat.

Damit sind wir in dem Prozess, die Benediktsregel für den Vertrieb fruchtbar zu machen, an einer sehr zentralen Stelle angelangt. Anscheinend genügt es also nicht, das Was festzulegen, wenn man einen erfolgreichen Prozess einleiten will. Das Wie festzulegen ist noch viel wichtiger, wenn der Weg erfolgreich sein soll. Das Was ist in der Tat schnell erklärt. Im Kloster wird gebetet, und im Verkauf wird verkauft. So weit, so gut. Doch wie das Ganze vor sich gehen soll, kann anscheinend nie genau genug beschrieben, gelernt und eintrainiert werden, wenn man die Situationen in den Kundengesprächen meistern will. So wie der Mönch das Gebet so sehr einübt, dass es im Laufe der Zeit von außen nach innen, mitten in sein Herz hinein wächst, genauso muss der Verkäufer das Know-how im Vertrieb sozusagen im Schlaf beherrschen, damit es für ihn jederzeit abrufbar und verfügbar ist.

Bei der Erstellung und Einübung der Verkaufstechnik hilft uns der Umstand, dass fast alles Gute im Verkauf mit „W" beginnt. W-Fragen sind es, die den Kunden selbst nachdenken lassen und auf die für ihn richtige Fährte bringen. W-Fragen sind es auch, die den Abschluss vorbereiten, das Cross-Selling einleiten und die Empfehlungsnahme zum Thema machen. W-Fragen sind es aber auch, die den Führungsprozess auf die richtige Schiene bringen. Wir sehen uns dann einer Führungskraft gegenüber, die uns nicht ständig erklärt, wie sie die Welt sieht, sondern einer Führungskraft, die den Prozess einleitet, der das Gute aus einem selbst heraus wachsen und reifen lässt.

Konkrete Handlungsanleitungen für den Vertrieb

Was zu tun ist, ist in den meisten Vertrieben klar definiert. Dem Wie wird aber nicht die Bedeutung zugemessen, die es verdient hätte. Und oft verlaufen dann alle gut gemeinten Überlegungen wieder im Sande. Für das Gelingen von Vertriebsprozessen sind folgende Fragen zu beantworten:

Was ist zu tun?

Der Ausgangspunkt, konkrete Handlungen von Führungskräften und Verkäufern einzufordern, entsteht, wenn der Umsatz nicht den Erwartungen entspricht. Es wird ein Problem formuliert und definiert, was sich ändern soll, zum Beispiel der Umsatzeinbruch der Sparte X. Die Situation wird geschildert, das gewünschte Ergebnis wird dargestellt. Umsatz kann im Vertrieb ja immer nur auf der Ebene der Verkäufer erreicht werden. Dies wird in solchen Überlegungen auch berücksichtigt, die Handlungsanleitungen bleiben aber zu schwammig: „Mehr Verkaufsge-

spräche durchführen" oder „das Produkt X öfter ansprechen" sind natürlich Möglichkeiten, es wird aber erst dann passieren, wenn den Menschen auch das Wie mitgeliefert wird.

Wie geht es am besten?

Es sind die fertigen Texte und die richtigen Fragen, die gefunden und
trainiert werden müssen, damit Verkäufer solche Aufträge erfüllen
können. Diese Forderung gilt für alle Phasen des Verkaufsprozesses:
Termine vereinbaren, Bedürfnisse erkennen, Einwände bearbeiten, ab-
schließen, andere Sparten ansprechen, Empfehlungen einholen. All das
wird vom Verkäufer nur dann in die Praxis umgesetzt, wenn er weiß,
wie das geht. Auf das Automatisieren dieser Texte wird im Vertrieb
immer noch viel zu wenig Wert gelegt, und bei der Präsentation neuer
Strategien wird es oft gänzlich vergessen.

Wie stellen wir sicher, dass es passiert?

Nun geht es um den Führungsprozess. Wie müssen Führungskräfte auf
ihre Verkäufer einwirken, damit das beabsichtigte Ergebnis erreicht
wird? Wie haben Führungsgespräche abzulaufen? Welche Fragen sind zu
stellen? Wie werden die Vereinbarungen dokumentiert? Wie werden die
Verkäufer durch Meetings und gemeinsame Kundenbesuche für ihre
Aufgabe fit gemacht?

Wenn ich mit potenziellen Neukunden eine mögliche Zusammenarbeit
bespreche, dann stelle ich gleich am Anfang Fragen nach dem WIE im
Verkaufsprozess. Fast immer habe ich dann das Gefühl, dass man davon
im Unternehmen noch keine klare Vorstellung hat.

In der Gebetsordnung wird auch noch ein anderer Aspekt der Benediktinischen Einstellung zum Menschen sichtbar. Er kennt die Schwächen des
Menschen und er will ihnen so liebevoll wie möglich begegnen, ohne die
gesamte Ordnung in Frage zu stellen. So legt er fest, dass der erste Psalm des
Tages *„sehr langsam und ausgedehnt zu singen ist"* (43/4). Der Sinn dieser An-
weisung liegt darin begründet, denen, die zu spät kommen, die Chance zu
geben, sich auf ihre Plätze zu begeben. Wenn allerdings der erste Psalm
fertig gesungen und der Mönch noch immer nicht an seinem Platz ist, dann

muss er bei seinem Eintreffen mit dem letzten Platz in der Stuhlreihe vorlieb nehmen und nach den Gebeten Buße tun. Benedikt rechnet also mit kleinen Verfehlungen und kommt den Schwächen des Menschen bei der Erfüllung der Ordnung ein Stück entgegen, aber eben nur ein Stück.

Ein weiterer interessanter Punkt ist, dass Benedikt die Hauptaktivität seines Systems auch zahlenmäßig definiert. *„Sieben Mal am Tag singe ich Dein Lob"* (16/1), heißt es da. Die Struktur seines Tages entsteht also rund um die fixen sieben Gebetszeiten. Der Tag beginnt mit den Laudes (Morgenlob; bei Sonnenaufgang), die weiteren Gebetzeiten sind nach der Stunde benannt, zu der sie stattfinden: Prim (erste Stunde; 06:00 Uhr), Terz (dritte Stunde; 09:00) Sext (6. Stunde; 12:00 Uhr) Non (9. Stunde; 15:00 Uhr). Die Vesper (Abendandacht; 18:00 Uhr) und das Komplet (Nachtgebet; 20:00 Uhr) runden den Tag ab. Heute werden die Prim, Terz und Sext oft zu einem Mittagsgebet zusammengefasst.

Benedikt betont auch, dass diese Zeiten als Vorschlag zu verstehen sind und es dem Abt frei steht, Änderungen anzusetzen: *„Wenn jemand mit dieser Psalmenordnung nicht einverstanden ist, stelle er eine andere auf, die er für besser hält"* (18/22). Dann betont er nochmals, dass aber die 150 Psalmen in jedem Fall in einer Woche Platz finden müssen.

Die Hauptaktivität für den Vertrieb ist natürlich das Verkaufsgespräch. Verkaufserfolg setzt voraus, dass Verkaufsgespräche stattfinden. Das Einplanen einer festen Anzahl von Verkaufsgesprächen pro Tag muss deswegen zwingend in der Ordnung eines Vertriebssystems festgeschrieben sein. Die Frage ist zunächst, wie viele Verkaufsgespräche einem Mitarbeiter abzuverlangen sind. Die Zahl muss realistisch sein, muss fordern, darf aber auch nicht überfordern, und muss die Tätigkeiten, die der Mitarbeiter rund um ein Verkaufsgespräch zu erledigen hat, sowie alle anderen notwendigen Tätigkeiten berücksichtigen.

Nehmen wir an, es wurde gemeinsam erarbeitet und entschieden, dass es genau drei Verkaufsgespräche sein sollen, die der Mitarbeiter am Tag durchführen soll. Dann muss aber die Drei ab sofort für Ihren Vertrieb eine natürliche Zahl sein, der alles andere untergeordnet wird. Schließlich geht es ja um den Verkaufserfolg, und das Geschäft wird nun einmal beim Kunden gemacht.

Benedikt hat nicht nur die Anzahl der Gebetszeiten festgelegt, er hat auch den Zeitpunkt festgelegt. Im Vertriebs-Coaching mache ich beim Versuch, diese Idee auf die Verkäufer zu übertragen, sehr positive Erfahrungen. Am Anfang regen sich oft Zweifel und Widerstand beim Verkäufer. Wenn es dann aber gelingt, dass er die Idee eine Zeitlang ausprobiert, dann stellt er Folgendes fest: Wenn er einen Kunden am Telefon prinzipiell davon überzeugen kann, dass er ihm einen Termin gibt, ist die Frage des Zeitpunkts schnell zu klären. Von zwei Terminvorschlägen, die der Verkäufer anspricht, passt einer davon fast immer für den Kunden. Der Verkäufer plant also schon vor dem Gespräch feste Zeiten, die er dem Kunden anbietet, und füllt dann nach und nach seinen Kalender. Der große Vorteil dabei ist, dass er mit der Zeit zu einem bestimmten Termin zu einer bestimmten Zeit eine Beziehung aufbaut. Dann will er eben nicht mehr irgendeinen Termin ausmachen, sondern überlegt, dass der 16:00-Uhr-Termin am Donnerstag dieser Woche noch nicht vergeben ist. Damit macht er einen großen Schritt zur Ordnung im Vertrieb, weil die feste Struktur langsam verinnerlicht wird, bis er schließlich vom innen heraus danach lebt.

Die Aufnahmeordnung

> *„Kommt einer neu, und will das*
> *klösterliche Leben beginnen, so werde ihm*
> *der Eintritt nicht leicht gewährt."*
> *(58/1)*

Benedikt weiß, dass der Eintritt eines Neulings in ein Kloster eine große Veränderung mit sich bringt, die mehr als reiflich überlegt werden muss. Dem Neuling muss die Welt, die ihn erwartet, realistisch dargestellt werden, sodass er sich später wirklich auf dem Weg wiederfindet, der ihm geschildert wurde. Aber auch die Gemeinschaft muss davon überzeugt sein, dass der Bewerber sie bereichern wird, und bereit sein, Strukturen zu schaffen und zu pflegen, die eine reibungslose Integration des Neuen ermöglichen.

Benedikt stellt Kriterien auf, nach denen der Abt prüfen soll, ob er den Bewerber bei sich aufnehmen will. Das erste Kriterium ergibt sich aus dem Ziel der Organisation. Der Abt möge mit dem Bewerber tiefgründig erforschen,

„ob der Novize (der Neuling) wirklich Gott sucht" (58/7). Als zweites Kriterium ist zu überprüfen, *„ob er bereit ist, zu gehorchen"* (58/7). Wir haben weiter vorne schon ausgeführt, dass der an dieser Stelle von Benedikt geforderte „Gehorsam" mit dem, was wir heute damit verbinden, nichts zu tun hat. Es geht hier vielmehr um das „Hören", Zuhören" und „Hineinhören", das Öffnen für den Weg und die Führung durch eine Führungskraft, die ihm zugeteilt wird. Drittens schließlich ist abzuklären, *„ob er fähig ist, widerwärtiges zu ertragen"* (58/7). Das Widerwärtige meint hier das, was Anstrengung erfordert: die Bereitschaft, festgefahrene Meinungen und Einstellungen zu verändern, die Bereitschaft, sich auf einen Weg einzulassen, der auch einmal steinig sein kann, und die Bereitschaft, sich einer Tagesstruktur anzupassen, die ihm zumindest am Anfang nicht sehr viel Raum lässt.

Bei der Aufnahme von neuen Mitarbeitern werden im Vertrieb auch heute noch viele faule Kompromisse geschlossen, nur weil eine Stelle unbedingt besetzt werden muss oder weil kurz vor Jahresende die geplante Anzahl neuer Mitarbeiter noch nicht erreicht ist. Damit ist aber auf lange Sicht weder dem Bewerber noch dem Unternehmen geholfen. Es ist genau zu prüfen, ob ein Bewerber wirklich das sucht, was ihn in diesem Unternehmen erwartet.

Bei der Entscheidung, ob ein Bewerber in ein Kloster passt, verlässt sich Benedikt auf die Einschätzung des Abtes. Wir haben uns inzwischen daran gewöhnt, solche Fragen an ein Auswahlverfahren zu delegieren, das scheinbar gut durchdacht ist und zu sicheren Ergebnissen kommt, doch oft hält der neue Mitarbeiter dann leider doch nicht, was er im Assessment-Center versprochen hat. An dieser Stelle sollten sich Führungskräfte mehr zutrauen und sich einfach fragen, ob das ein Mensch ist, mit dem sie sich eine Führungsbeziehung vorstellen können.

Wie im Kloster, so kommt das „Widerwärtige" natürlich auch im Vertrieb vor. An dieser Stelle können Sie nicht mehr tun, als genau zu schildern, was den Neuen erwarten wird. Wenn Sie ihm ein möglichst realistisches Bild von den konkreten Erwartungen zeichnen, die Sie an ihn haben, und den Weg beschreiben, den Sie bereit sind, mit ihm zu gehen, dann hat der Bewerber für seine Entscheidung eine brauchbare Grundlage. Beide sollten zur Überzeugung gelangen, dass sie sich von Herzen aufeinander einlassen wollen.

Benedikt legt fest, dass der Bewerber zwei Monate lang den Ablauf des Klosters kennengelernt haben soll und sich dann entscheiden muss, ob er sich weiter einlassen will. Die Entscheidungsgrundlage, die Benedikt dem Bewerber anbietet, ist die Benediktsregel. Der Abt hat ihm die einzelnen Punkte der Regel so lange zu erklären, bis er das Gefühl hat, dass sie vom Bewerber wirklich verstanden worden sind. Dann soll er zum Neuling sagen: *„Siehe das Gesetz, unter dem du dienen willst. Wenn du es beachten kannst, tritt ein, wenn du es aber nicht kannst, geh in Freiheit fort"* (58/10).

Die Idee, das festgeschriebene Leitbild herzunehmen und anhand der darin geschriebenen Ausführungen zu prüfen, ob das der Weg ist, den der Neuling gehen will, ist absolut einleuchtend. Bevor man diese Erfahrung Benedikts auf den Vertrieb übertragen kann, muss man ein entsprechendes Leitbild erstellt haben. Wer solch eine festgeschriebene Ordnung im Vertrieb sucht, wird nicht fündig werden: Es gibt sie einfach nicht. Man muss sich dann fragen, wie man abklären will, ob der Neue ins Bild passt, wenn man nicht genau beschreiben kann, was man von ihm will. Ich denke dabei nicht an allgemein formulierte Leitsätze und Absichten, die gibt es natürlich in Hülle und Fülle. Was wir brauchen, ist eine Ordnung ähnlich derer, wie sie Benedikt für seinen Bereich geschrieben hat. Dann erst kann man einem Bewerber reinen Wein einschenken. Es müssten nur ein paar zentrale Punkte sein, die den Ablauf genau beschreiben, wie zum Beispiel:

— Wir führen täglich drei Verkaufsgespräche.

— Wir setzen den Kundenbefragungsboden in jedem Verkaufsgespräch ein.

— Wir beenden die Arbeitswoche am Freitag erst dann, wenn für die nächste Woche mindestens 15 Termine im Kalender stehen.

In den Gesprächen mit den Führungskräften komme ich oft zur Überzeugung, dass versucht wird, den zweiten Schritt vor dem ersten zu gehen. Man betreibt Mitarbeiterausbau, bevor das Haus geordnet ist. Ein Neuer wächst dann in der Unordnung auf, entwickelt ein entsprechendes Verhalten und die Unordnung wird weiter gefestigt.

Wenn der Bewerber im Kloster sich zum Bleiben entscheidet, dann wird er in das Novizenzimmer geführt. Dort wird ihm ein erfahrener Mönch als

Novizenmeister zugeteilt, der ab diesem Zeitpunkt für die Entwicklung des Neulings verantwortlich ist. Ein Prozess der sehr engen Führung beginnt. Der Novizenmeister warnt vor Schwierigkeiten, er motiviert, er versucht, Seelen zu gewinnen. Der Novizenmeister ist dem Abt gegenüber verantwortlich; er darf Kandidaten weder rücksichtslos fortschicken noch ohne Prüfung aufnehmen. Er ist aufgefordert, das Motiv des Kandidaten herauszufinden und zu prüfen, ob er Aufträge gern, frei und zuverlässig ausführt und ob er sich Herausforderungen stellen kann.

Die Entwicklung der Novizen in den Klöstern durch den Novizenmeister läuft sehr geplant und strukturiert ab. Es geht um die Befreiung von eigenen Abhängigkeiten, egoistischen Regungen und dergleichen, um frei für die Beziehung zu Gott zu werden. Ein Teil dieses Weges ist der Umgang mit den Gelübden, die unter dem Aspekt der Befreiung von eigenen Abhängigkeiten notwendig und sinnvoll erscheinen.

Das, was der Novizenmeister in die Wege leitet und begleitet, ist genau das, was wir im Vertrieb unter einem geplanten Entwicklungsprozess verstehen wollen. Der Novizenmeister ist nichts anderes als ein Coach, der sich intensiv auf die Beziehung mit einem Neuling einlässt. Er prüft und klärt, fordert und fördert, er gibt Rückmeldung und Hoffnung, er warnt und ermutigt, er ist kritisch und liebevoll. Der Führungsprozess wird an dieser Stelle in seiner ganzen Dimension klar. Er kann nicht irgendwie nebenbei geführt werden – er fordert Zeit, Energie und Engagement.

Nach sechs Monaten wird dem Novizen die Regel erneut vorgelesen, nach weiteren vier Monaten noch ein weiteres Mal. Dann ist seit dem ersten Tag des Novizen im Kloster ein Jahr vergangen. Wenn der Novize dann immer noch bleiben will, und die Gemeinschaft bereit ist, ihn aufzunehmen, dann findet die feierliche Zeremonie der endgültigen Aufnahme in den Orden (ewige Profess) statt. Heutzutage wird in den Klöstern die Probezeit auf mehrere Jahre ausgedehnt.

Bei Benedikt ist das Haus geordnet. Er kann dem Neuen genau sagen, was ihn erwartet, und auch die Gemeinschaft ist durch die Regel gut auf die Novizen vorbereitet.

Das rechte Maß

> *„Nehmt Euch in Acht,*
> *dass nicht Unmäßigkeit Euer Herz belaste."*
> *(39/9)*

Die Suche nach dem rechten Maß zieht sich wie ein roter Faden durch die Benediktsregel. An vielen Stellen wird auf die Notwendigkeit hingewiesen, sich in allem, was man tut oder anordnet, auf ein vernünftiges Maß zu beschränken. Benedikt will seine Mönche fordern, aber nicht überfordern. Er will sie gut versorgen, aber nicht übersättigen. Er will Aktivität, aber auch Ruhezeiten.

Der Umgang mit der Arbeitszeit ist eines der Themen, das ausführlich dargestellt wird. Der Stundenaufwand, den die Mönche zu erbringen haben, ist durchaus anspruchsvoll. Ruhezeiten werden aber ebenso konkret eingefordert.

Im Vertrieb haben wir im Umgang mit der Arbeitszeit das rechte Maß ziemlich aus den Augen verloren. Die Arbeitsstunden der Manager werden immer mehr, und ich sehe auch keine ernsthaften Ansätze, hier Veränderungen einzuleiten. Gut ist, wer viel arbeitet, das ist heute oft ein Leitspruch. Dass Quantität in diesem Zusammenhang nicht unbedingt Qualität erzeugt, leuchtet ein. Übertriebene Arbeitszeiten sind eine Folge der fehlenden Ordnung. Oder umgekehrt: Wo geordnet gearbeitet wird, reduziert sich die Arbeitszeit von selbst.

Das riesige Arbeitspensum ist als Teil der Kultur der Führungskräfte im Vertrieb fest verankert. Die aufgewendete Arbeitszeit wird als selbstverständlich vorausgesetzt und gehört quasi zum „guten Ton". Alle halten sich daran, als hätte es irgendwann einmal eine geheime Verschwörung diesbezüglich gegeben. Die Qualität der Arbeit ist immer sekundär. Aus diesem Prozess auszusteigen, würde große Verwunderung erzeugen und eine ordentliche Portion Mut verlangen. Deshalb verharrt man lieber in der Struktur der zeitlichen Überforderung, bis der Körper nicht mehr mitmacht. Und dann spielt Zeit plötzlich überhaupt keine Rolle mehr.

Für Manager sind 70 Arbeitsstunden und mehr durchaus die Regel. Ich frage mich oft, was passieren würde, wenn man den Managern durch geordnete Abläufe einen Teil ihrer Arbeit wegnehmen würde. Sagen wir einmal zehn Stunden. Dann käme man vielleicht darauf, dass da zwei süße kleine Kinder zu Hause sind, um die man sich wieder einmal kümmern sollte, und auch eine Frau, mit der man wieder einmal ein Gespräch führen sollte. Würde man noch weitere zehn Stunden abzweigen, dann ließen sich Gedanken, die man sonst gerne von sich wegschiebt, vielleicht nicht mehr so leicht verdrängen: Wo komme ich her, wo gehe ich hin? Ist nicht die übermäßige Arbeitszeit auch ein gutes Instrument, um uns vor solchen Gedanken zu schützen?

Umgekehrt ist es aber auch notwendig, ausreichend Arbeitszeit im Vertrieb einzufordern. Verkäufer schätzen an ihrem Beruf die freie Zeiteinteilung und pochen auch gerne darauf, vor allem, wenn sie selbstständige Verkäufer sind. Hier ist die Führungskraft gefragt, dem Verkäufer die richtigen Fragen zu stellen, damit er zur Einsicht gelangen kann, dass ein geordneter Ablauf nicht nur mehr Erfolg, sondern darüber hinaus auch noch eine erhebliche Einsparung an Arbeitszeit bringt.

Das rechte Maß in der konkreten Führungsarbeit zu finden, ist eine große Herausforderung. Benedikt bemüht sich auch an vielen Stellen, die Forderungen an die Mönche so festzulegen, dass man diese mit einem vernünftigen Maß an Anstrengung erfüllen kann. Eine Überanstrengung bewirkt auf lange Sicht den Zusammenbruch des Systems, denn *„wenn ich meine Herde unterwegs überanstrenge, werden alle an einem Tage zugrunde gehen"* (64/18). Die Forderungen an die Einzelnen können sich durchaus voneinander unterscheiden, weil das Leistungsvermögen von Menschen eben unterschiedlich ist. Benedikt erwartet von der Führungskraft, die Forderungen an die Mitarbeiter so anzusetzen, dass *„die Starken finden, wonach sie verlangen, und die Schwachen nicht davonlaufen"* (64/19). Eine solche Flexibilität in der Forderung an die Einzelnen muss aber trotzdem mit der Gesamtordnung in Einklang zu bringen sein, denn *„die vorliegende Regel ist in allem zu wahren"* (64/20).

Für den konkreten Führungsalltag im Vertrieb heißt dass, eine Mindestanforderung in der Ordnung festzulegen, die für alle Mitarbeiter gelten muss. Die Forderung kann man am besten an den beabsichtigen Verkaufsgesprächen pro Arbeitstag festmachen. Sagen wir, drei komplette

Verkaufsgespräche pro Tag. Wenn Sie der Meinung sind, dass diese Zahl eine Herausforderung darstellt, aber keinen überfordert, dann legen Sie diese Zahl als Minimum fest. Dann müssen Sie aber auch von diesem Moment an konsequent von jedem drei Verkaufsgespräche einfordern. Die Starken werden von sich aus danach trachten, mehr Termine am Tag unterzubringen, und die weniger Starken sind so zu entwickeln und zu fördern, dass sie sich in der Terminanzahl nach oben bewegen. Wenn aber drei Termine das Mindestmaß sind, muss man ihnen immer das Gefühl geben, dass sie gute Leistung bringen und sich an die Vereinbarung halten, auch wenn sie „nur" drei Termine pro Tag durchführen.

In diesem Zusammenhang ist noch zu erwähnen, dass eine Unterforderung im Führungsprozess genauso schädlich ist wie eine Überforderung. Unterforderung führt zu Müßiggang, der bei Benedikt der „Feind der Seele", also der Feind der Entwicklung ist. „Darum sollen die Brüder zu bestimmten Zeiten mit Handarbeit, und zu bestimmten Zeiten mit heiliger Lesung beschäftigt sein." (48/1).

Der rechte Maß zu halten gilt auch für das „Gute", schreibt Benedikt. Das heißt also, dass die Mönche auch beim Beten nicht übertreiben sollen. Im Vergleich zu den Gebetszeiten, die von den Urvätern berichtet werden, hat Benedikt in seiner Regel das Maß hierfür sehr tief angesetzt, und er hält nichts davon, sich gegenseitig zu Spitzenleistungen anzuspornen. Vielleicht hat ihn die in den *Lebensbeschreibungen der Väter* berichtete Geschichte veranlasst, das Tagespensum für das Beten einzuschränken: Ein Altvater kam zu einem Vater. Er war hungrig, und der Jüngere machte sich deswegen daran, ein Linsenmus zu kochen. Die beiden entschieden dann aber, doch noch vor dem Essen ein paar Psalmen zu lesen. Und da einer den anderen im Eifer übertreffen wollte, wurde es Nacht und wieder Tag, bis sie alle Psalmen durch hatten. Der Altvater zog wieder von dannen, ohne dass er gegessen hatte.

Die Demut

„Wer sich selbst erhöht, wird erniedrigt"
(7/1)

In der Benediktsregel ist Demut eine wichtige Voraussetzung, die Führungsprozesse erst möglich macht. Demut meint bei Benedikt eine Grundhaltung der Führungskraft, die nicht sich selbst in den Mittelpunkt stellt, sondern vielmehr den Reifeprozess des ihm anvertrauten Menschen. Benedikt weiß, dass es Zeit braucht, bis jemand zur Führungskraft gereift ist. Das setzt einen Prozess der ehrlichen Auseinandersetzung mit sich selbst voraus und einen mutigen Blick in den Spiegel.

Demütig wird der Mensch, wenn er im Laufe seines Lebens Schritt für Schritt von sich selbst und seinen persönlichen Bedürfnissen und Vorlieben frei wird. Erst dann kann er sich auf einen Führungsprozess einlassen, der nicht die eigenen Schwächen der Führungskraft in der anvertrauten Person reproduziert, sondern einen Weg geht, der die Anlagen und Erfahrungen, Werte und Anschauungen des geführten Menschen in den Mittelpunkt stellt. Demut heißt also, nicht bereits alles zu wissen, sondern sich offen auf einen Prozess mit dem anderen einzulassen. Erst wer frei dafür ist, wird sehen, was im anderen wächst, und in der Lage sein, dieses Wachstum zu fördern.

Demut ist ein Begriff, der heutzutage gerade im Vertrieb alles andere als modern ist. Man stellt sich selbst zu gerne in den Mittelpunkt, sagt dem anderen, wie etwas zu geschehen hat, ohne dadurch die erwünschte Wirkung zu erzielen, weil ja der andere nicht abgeholt worden ist. Was verordnet wird, wirkt selten, gerade im Vertrieb, wo eine Grundordnung der Prozesse alles andere als selbstverständlich ist und der Mitarbeiter umso mehr davon überzeugt werden muss, dass ihm ein geordnetes Vorgehen Vorteile bringt. Eine Führungskraft, die demütig ist, weiß, dass sie Entwicklung nur dann ermöglichen kann, wenn sie den, der zu entwickeln ist, in den Vordergrund stellt. Die Führungskraft hat dabei die Aufgabe, das, was in dem ihm anvertrauten Mitarbeiter angelegt ist, hervorzuholen und dem bewussten Zugriff zugänglich zu machen. Das Wissen des Mitarbeiters muss durch die richtigen Fragen und Pausen neu belebt werden. Die Rolle der Führungskraft ist dabei mit der einer Hebamme vergleichbar.

Als Trainer habe ich schon seit Jahren nicht mehr das Bedürfnis, im Seminarraum zu glänzen. Ich versuche, den Teilnehmern zu dienen und ihnen durch die richtigen Fragen den Zugang zu ihren eigenen Lösungsquellen zu ermöglichen. Diese Vorgangsweise bietet mir die Möglichkeit, sehr viel von den Teilnehmern zu lernen. Und wenn die von den Teilnehmern beschriebenen Lösungsansätze unpräzise sind, betrachte ich die Präzisierung als meine Aufgabe. So entstehen dann praktikable Tools, die ich an die nächste Gruppe weitergeben kann. Ich leihe mir also von den Teilnehmern etwas aus, bearbeite es und gebe es (hoffentlich) noch schöner zurück, als ich es ausgeborgt habe.

Die Beständigkeit

„Bei der Aufnahme verspreche er
in Gegenwart aller Beständigkeit ..."
(58/17)

Ein Mönch bleibt sein ganzes Leben in dem Kloster, in das er eingetreten ist, es sei denn, er wird von seinem Abt auf Reisen geschickt. Meist sind das Reisen zum Zwecke der Ausbildung oder es sind Reisen verbunden mit besonderen Aufträgen, etwa zu helfen, wo Not am Mann ist.

Benedikt sieht die Beständigkeit als eine wichtige Tugend auf dem Weg zur Erkenntnis, weil der Mönch lernen soll, allen Anfechtungen und Versuchungen standzuhalten und sie als Teil seines Entwicklungsprozesses zu erkennen. Deswegen muss der Mönch bei der Aufnahme in die Gemeinschaft versprechen, dass er von nun an diese Gemeinschaft als seinen Lebensmittelpunkt betrachten und ihre Lebensweise annehmen will.

Für Benedikt geht es bei der Beständigkeit einmal darum, hohe menschliche Werte wie Treue, Zuverlässigkeit, Verantwortungsgefühl und Bindungsfähigkeit zu erlernen und einzuüben. Es geht aber auch darum zu lernen, mit Grenzen und Begrenzungen umzugehen. Das setzt voraus, dass man sich dem gewählten Umfeld beständig aussetzt. So soll die Beständigkeit langsam von außen nach innen wandern, bis sie ein fester Teil der Persönlichkeit wird.

Beständigkeit ist eine Tugend, die wir heute im Vertrieb sehr oft vermissen. Strategien und Schwerpunkte ändern sich ständig und führen zu Unverständnis und Verunsicherung unter den Mitarbeitern. Verkäufer und Führungskräfte im Vertrieb neigen dazu, bei den kleinsten Schwierigkeiten das Unternehmen zu wechseln. Schnell ist ein Mitbewerber gefunden, der zum Umstieg einlädt und verspricht, dass in seinem Unternehmen natürlich alles viel besser läuft. Oft treffe ich auf meinen Seminaren einen Teilnehmer, den ich schon von einem Seminar für ein anderes Unternehmen kenne. Wenn ich dann frage, was sich denn nun mit dem Wechsel für ihn persönlich so sehr verbessert hat, bekomme ich nur vage Antworten.

Wie für den Mönch gilt auch für den Vertriebsmitarbeiter, dass man sich nur entwickeln kann, wenn man sich auf einen Prozess einlässt. Das Durchhalten färbt dann ebenso wie bei den Mönchen auch auf die Persönlichkeit des ganzen Menschen ab und erhöht seine Wirkung nach außen. Das heißt natürlich nicht, dass man ein Leben lang bei einem Unternehmen bleiben muss, aber es braucht schon ein paar Jahre, bis man sich wirklich eingelassen hat und erkennen kann, ob der angebotene Weg der ist, der einen persönlich weiterbringt.

Dasselbe gilt auch für Manager im Vertrieb. Ein Baum kann keine Frucht bringen, wenn man ihn ständig verpflanzt. Was wirken will, muss langsam reifen. Der schnelle Erfolg von morgen birgt den Rückschlag von übermorgen in sich, weil er erzwungen worden ist und sich nicht durch Sorge und Pflege natürlich entwickeln konnte.

Wie wichtig Beständigkeit ist, habe ich anhand meiner eigenen Entwicklung erfahren, die ich im zweiten Kapitel dargestellt habe. Es hat über 20 Jahre gedauert, in denen ich an verschiedenen Stellen Erfahrungen mit dem Vertrieb machen konnte, bis ich endlich das Gefühl hatte, dass die ganze Thematik von außen nach innen ins Herz hineingewachsen und zum festen Bestandteil der Persönlichkeit geworden war.

Die Schweigsamkeit

> *„Ich stellte eine Wache vor meinen Mund,*
> *ich verstummte …"*
> *(6/1)*

Für Benedikt ist das Schweigen ein wichtiger Baustein auf dem Weg zur Erkenntnis. Erst wenn der Lärm des Alltages verstummt, kann man in Ruhe die Reise in das eigene Herz beginnen. Zeiten des Schweigens werden im Mönchsalltag genau festgelegt. Wenn man sich als Gast in einem Kloster befindet, dann muss man sich erst daran gewöhnen, dass alle gemeinsam beim Frühstück sitzen und niemand ein Wort spricht. Trotzdem entsteht ein Gemeinschaftsgefühl, das keine Worte braucht. Das Schweigen eröffnet Sichtweisen und Erkenntnisse, die sonst im Lärm des Wortes verborgen bleiben. Benedikt zitiert an dieser Stelle aus der Bibel: *„Tun wir, was der Prophet sagt: „Ich sprach, ich will auf meine Wege achten, damit ich mich mit meiner Zunge nicht verfehle. Ich stellte eine Wache vor meinen Mund, ich verstummte, demütigte mich und schwieg, sogar vom Guten" (6/1).*

Verkaufen und schweigen, führen und schweigen, wie geht das zusammen? Verkäufer reden gerne, so sagt man, oft ist damit konkret „überreden" gemeint. Diese Aussage deckt sich mit meinen Erfahrungen aus zahlreichen Verkaufsseminaren. Wenn ich Verkäufer frage, wie hoch sie denn ihren Redeanteil in ihren Verkaufsgesprächen einschätzen, dann ernte ich zuerst einmal ein Lächeln. Die Menschen fühlen sich ertappt. Der Drang zum Reden ist oft Ausdruck von Unsicherheit. Jemandem eine fertige Präsentation von Vorteilen und Argumenten zu geben ist eben doch etwas anderes, als sich auf einen Prozess mit dem Kunden einzulassen. So gesehen ist ein Verkaufsgespräch nichts anderes als ein Führungsgespräch. Der Kunde will von seinem Gegenüber zu Erkenntnissen geführt werden. Er will dazu angeregt werden, seine Situation zu beleuchten. Wenn er dann von sich aus ein Kaufmotiv gefunden hat, wird er bereit sein, zu kaufen.

Mit dem Redeanteil verhält es sich in einem Führungsgespräch aber leider auch nicht viel anders. Auch Führungskräfte neigen dazu, ihre eigene Sicht der Dinge darzulegen und damit dem Mitarbeiter den Weg vorzugeben. So werden Menschen aber nicht bewegt.

Für Verkaufs- und Führungsgespräche gilt, dass sie nur dann wirksam und erfolgreich sein können, wenn mit guten Fragen und Pausen gearbeitet wird. Nur so entsteht eine klare Sicht auf Probleme und Entwicklungschancen, auf Vorteile und Kaufmotive. Die Voraussetzung für ein solches Handeln ist natürlich, dass die Führungskräfte und Verkäufer die entsprechenden Fragen beherrschen. Wenn dann mit guten Fragen gearbeitet wird, muss bedacht werden, dass die allerbeste Frage ihre Wirkung verliert, wenn die Pause danach nicht ausgehalten wird. Meist dauert es nur ein paar Sekunden, bis das Gegenüber antwortet. Diese wenigen Sekunden abzuwarten ist eine Herausforderung und zugleich eine absolute Notwendigkeit, wenn Fragen wirken sollen. Gerade in der Abschlussphase halten Verkäufer die Pause nach der Abschlussfrage oft nicht aus, weil es ja nun um die Entscheidung geht. Hier gilt besonders, „eine Wache vor seinen Mund zu stellen", bis der Kunde antwortet. Sonst können Sie wieder ganz von vorne anfangen.

Die tägliche Versorgung mit dem Guten

„Unser tägliches Brot gib uns heute."

Die tägliche Versorgung mit dem Nötigen ist Benedikt ein wichtiges Anliegen. Die Versorgung bezieht sich dabei auf das Vorgeben von zeitlichen und inhaltlichen Strukturen, Nahrung und Kleidung, und, als wichtigstes Element, die Versorgung mit Nahrung für die Seele und den Geist. Das „tägliche Brot" im Vaterunser-Gebet meint ja auch nicht nur das Brot, das man essen kann, sondern das Brot der Erkenntnis und der Entwicklung.

Ich halte es für notwendig, dass sich Verkäufer täglich mit ihrer Entwicklung beschäftigen. Dazu gehört der tägliche Kontakt mit der Führungskraft, das Einüben der Verkaufstechnik, die Analyse der stattgefundenen Verkaufsgespräche. Diese Tätigkeiten haben meiner Ansicht nach auf dem Weg zum Profi im Verkauf einen so großen Stellenwert, dass sie zum „täglichen Brot" werden sollten.

Die Verbreitung der Benediktsregel

Nach dem Tod des Ordensgründers Benedikt von Nursia (um 550 n. Chr.) wurde sein Heimatkloster Montecassino von den Langobarden zerstört. Die Mönche flohen nach Rom, um sich einem dortigen Kloster anzuschließen, und nahmen die Regel Benedikts mit.

Zur Zeit Benedikts war Gregor der Große Papst. Er hatte sich um die Beschreibung des Lebens des Benedikts von Nursia verdient gemacht und kam nun mit Mönchen in Kontakt, die gemeinsam mit Benedikt in Montecassino gelebt hatten. Er ließ sich von ihnen in die Benediktsregel einführen und fand an den Ausführungen so großen Gefallen, dass er empfahl, diese Regel zur Grundlage des Lebens in allen Klöstern der römisch-katholischen Kirche zu machen. Er legte den klösterlichen Gemeinschaften nahe, dem Leben und Werk dieses Mannes nachzufolgen. Trotz dieser Empfehlung ist die Regel aber zunächst nicht in Italien heimisch geworden, sondern in den Ländern nördlich der Alpen, im fränkischen *Merowingerreich* und in England.

Zur Zeit Benedikts gab es mehrere Regeltraditionen. Dass gerade die Benediktsregel sich so rasend schnell verbreitete, hatte folgende Gründe:

Römischer Ursprung

Benedikt, der Vater des abendländischen Mönchtums, galt als „römischer Abt", und seine Regel war mit dem „römischen Ursprung" verbunden. Weil die Stadt die Gräber von Aposteln beherbergte, die als Quelle der Kultur und Norm des religiösen Lebens galten, war der „römische Ursprung" als Ehrenbezeichnung zu verstehen. Und so erfreute sich die Benediktsregel als „römische Regel" bald einer großen Aufmerksamkeit in den Klöstern.

Vollständigkeit

Die Benediktsregel erwies sich bald als die einzige der angebotenen Regeln, die das gesamte Zusammenleben im Kloster in den Strukturen und Handlungen einigermaßen vollständig beschrieb. Es war auch jene Regel, deren praktischer Nutzen vom Verfasser selbst in jahrelanger Erfahrung erprobt worden war.

Die Empfehlung Karls des Großen

Einen wichtigen Beitrag zur Verbreitung der Benediktsregel lieferte Kaiser Karl der Große. Er wollte das fränkische Mönchstum auf eine anerkannte Grundlage stellen. Er hatte von der Benediktsregel gehört und ließ sich eine authentische Abschrift nach Aachen kommen. Das Studium der Regel hat ihn wohl so sehr beeindruckt, dass er festlegte, dass von nun an diese Regel als „einzige Regel" gelten sollte. Die Klöster hatten sich von da an sehr eng an der Benediktsregel zu orientieren. Sie hatten die von Benedikt vorgesehene Tagesordnung zu beachten, die Reihenfolge der Gebete einzuhalten und als Kleidung den Mönchshabit einzuführen. Karl der Große hielt auf Anhöhen errichtete Großklöster für ideal, die ein weithin sichtbares Zeichen der Gegenwart Gottes darstellten. Außerdem sollten die Klöster gut ausgestattet sein, sodass sie als Kulturträger dienen konnten, um die Liebe zum Schönen in der Kunst, der Musik und der geistlichen Literatur zu fördern. Noch heute finden wir in vielen Klöstern reich ausgestattete Bibliotheken mit kostbaren Schätzen der Weltliteratur. Klöster sollten sich außerdem für die Umgebung öffnen und in den Abteikirchen feierliche Messen abhalten, die für die Bevölkerung zugänglich sein sollten.

Ludwig der Fromme, Karls Sohn, setzte fort, was der Kaiser begonnen hatte. Auf der Synode der Äbte des gesamten karolingischen Reiches wurde in den Jahren 816 und 817 die Reformbewegung vertieft und beschlossen, die Benediktsregel „buchstabengetreu" in allen Klöstern umzusetzen.

Nach und nach verbreitete sich die Regel in ganz Europa und später durch die Ausweitung des Benediktinerordens auch in großen Teilen der restlichen Welt. Papst Paul VI. ernannte den heiligen Benedikt am 24. Oktober 1964 zum Schutzpatron Europas.

Sales Coaching by Benedict

„Niemand soll verwirrt und
traurig werden im Hause Gottes"
(31/19)

Benedikt war also zur Überzeugung gelangt, dass man das, was man von der Gemeinschaft erwartet, sehr genau festlegen muss, damit es erfüllt werden kann. Benedikt war kein Schwärmer. Wohl kaum eine Führungskraft im Vertrieb fordert und fördert seine Mitarbeiter so intensiv, wie es Benedikt gemacht hat. Er bietet den Menschen eine klare Struktur, damit die angestrebten Entwicklungsprozesse auch erreicht werden können. Die Benediktsregel hat nun schon 1500 Jahre überdauert. Sie ist verlässlich, sie gibt Orientierung, sie formuliert konkret, sie hat etwas zu sagen – gerade auch Sales-Managern.

Zuerst muss das Ziel klar definiert sein und die notwendige Einstellung und Haltung derer, die es erreichen wollen. Dann sind Rahmenbedingungen zu schaffen und detailliert zu beschreiben, damit die Umsetzung möglich wird. Jeder soll sich auskennen, niemand soll verwirrt oder traurig werden. Nun geht es darum, die Grundsätze der Benediktsregel auf den Vertrieb zu übertragen und den sich daraus ergebenden *Coaching-Ansatz* zu klären.

Zunächst ist zu definieren, was unter *Coaching nach dem Benediktinischen Ansatz* gemeint ist. Es geht um die Führung von Menschen auf der Basis geordneter Strukturen. Dabei sind folgende Dimensionen wichtig: die Öffnung der anvertrauten Menschen für den Führungsprozess, das Festlegen der Abläufe (WAS) und das Erlernen der Verkaufstechnik (WIE). Die Rolle des Coaches ist die eines Fragestellers, der seine Aufgabe darin sieht, die im Mitarbeiter bereits angelegte Handlungskompetenz durch gute Fragen ans Licht zu bringen und dem bewussten Handeln zugänglich zu machen. Der Coach, unterstützt von internen oder externen Ressourcen, übernimmt die unmittelbare Führung des betroffenen Menschen. Die Unternehmensleitung ist aufgefordert, sicherzustellen, dass die Coaching-Kompetenz von Führungskräften aller Ebenen erworben und weiterentwickelt wird.

Bevor gecoacht werden kann, ist die Richtung des Weges festzulegen. Es geht um eine möglichst genaue Definition des Unternehmensziels, der Abläufe im Unternehmen und der konkreten Handlungsanleitungen. Diese Prozesse müssen festgelegt und aufgeschrieben werden, damit sich die Mitarbeiter orientieren können und man ein klares Bild der Anforderungen an die Mitarbeiter hat. Je genauer diese Ordnung definiert und aufgeschrieben ist, desto mehr Orientierung und Klarheit bietet sie.

Im folgenden Kapitel ist die Ordnung eines fiktiven Unternehmens nach dem Vorbild der Benediktsregel entworfen. Ich halte mich dabei weitgehend auch formal an die Benediktsregel, die ohne Grafiken und Tabellen auskommt und sich auf reine Prosa beschränkt. Als Unternehmen habe ich eine Versicherungsgesellschaft gewählt. Die dargestellte Struktur ist ein Beispiel, das auf alle Vertriebsstrukturen in allen Branchen übertragen werden kann. Machen wir uns also daran, unserem Unternehmen eine *Sales-Ordnung* zu geben.

Vielleicht denken Sie, liebe Leserinnen und Leser, jetzt gerade daran, die Abläufe in Ihrer Vertriebsstruktur gemäß den Ausführungen in diesem Kapitel zu überprüfen. Das würde natürlich sofort die Frage nach dem WIE aufwerfen. Bei Benedikt heißt es dazu in seinem Schlusskapitel: *„... nimm diese einfache Regel als Anfang!"* (73/8)

6. Kapitel: Die Sales-Ordnung

Wozu brauchen wir eine Ordnung?

Der Auslöser für die Leitung des Unternehmens, in Kooperation mit Verkäufern und Führungskräften eine *Sales-Ordnung* des Hauses festzulegen, war die Erfahrung, dass in Vertriebsprozessen viel zu vieles beliebig und zufällig passiert. Wir haben erkannt, dass dadurch enormes Verkaufspotenzial ungenutzt bleibt. Geordnete Abläufe bringen gesicherte Entwicklungsprozesse der Verkäufer, von denen sie selbst genauso profitieren wie das Unternehmen. Mit der Sales-Ordnung sollen in Zukunft auch solche Unklarheiten in der Erwartung des Unternehmens an die Führungskräfte und Verkäufer vermieden werden, die immer wieder zu Konflikten geführt haben.

Wir beschreiben hier jedoch nicht nur die Abläufe, sondern auch die konkreten Inhalte und Formen, damit nicht nur klar ist, was getan werden soll, sondern auch eine Form angeboten wird, wie es am besten umzusetzen ist.

Die Beschreibung des WIE besteht zum Großteil aus der Formulierung von Fragen, Argumenten und Aussagen, die sich im Laufe der Jahre bewährt haben. Dem Mitarbeiter ist freigestellt, genau jene angebotenen Wortlaute zu verwenden oder auch andere, die besser zu ihm passen. Wichtig ist aber, dass die Mitarbeiter entweder die angebotenen oder ihre eigenen Formulierungen zu jeder Zeit abrufbar haben, damit diese im Führungs- und Verkaufsgespräch eingesetzt werden können.

Unsere Ordnung ist ein geschriebenes Gesetz, das den Rahmen für unsere Abläufe vorgibt. Wir wissen aber, dass im lebendigen Miteinander an der einen oder anderen Stelle Anpassungen vorgenommen werden müssen. Die Ordnung ist als Mittel zur geplanten Entwicklung unserer Verkäufer zu betrachten. Sie darf nicht als Selbstzweck verstanden werden, sondern als Hilfe auf dem Weg zum erfolgreichen und zufriedenen Mitarbeiter in einem wachsenden Unternehmen. Über der Ordnung muss immer die Menschlichkeit stehen, die an der einen oder anderen Stelle Abweichungen von der Ordnung notwendig machen kann. Unsere Führungskräfte sind aufgefordert, dies nach Notwendigkeit maßvoll zu veranlassen, ohne die gesamte Ordnung in Frage zu stellen.

Diese Ordnung ist ab sofort für alle Führungs- und Verkaufsprozesse im Unternehmen gültig. Beim Eintritt von neuen Mitarbeitern ist zu prüfen, ob sie bereit sind, sich von Anfang an an diese Ordnung zu halten. Die bestehende Verkäufermannschaft soll von ihren Führungskräften Schritt für Schritt an diese neue Ordnung herangeführt werden.

Köln, im Frühjahr 2012
Der Gesamtvorstand der Best Service AG

Der Grundsatz

Der Unternehmensgegenstand

Wir vertreiben als Versicherungs-Aktiengesellschaft Produkte zur Absicherung von Sachwerten, Personen- und Unfallversicherungen, Rentenvorsorgen und Sparprodukte. In Kooperation mit anderen Anbietern bieten wir die Sparten Rechtsschutz und Bausparen an.

Das Unternehmensziel

Wir streben ein jährliches moderates Wachstum der Ergebnisse unseres Unternehmens an. Dieses Wachstum soll durch eine umfassende Betreuung unserer Kundenstammes geschehen, durch das Werben von Neukunden und vor allem durch geordnete Führungs- und Verkaufsprozesse.

Die Philosophie

Wir sind unseren Kunden ein ehrlicher Partner, der sie im Laufe ihres Lebens mit den für sie richtigen Produkten zur Absicherung ihrer Existenz und zur Vorsorge begleitet. Wir stehen den Kunden auch im Schadensfall mit einer raschen Abwicklung zur Seite.

Wir schätzen unsere Mitarbeiter als Grundlage unseres Verkaufserfolges. Wir fordern und fördern, ohne zu überfordern, und nehmen auf die unterschiedlichen Leistungsmöglichkeiten der Menschen Rücksicht.

Wir fühlen uns verantwortlich dafür, die Mitarbeiter durch gezielte Führungsprozesse in die Lage zu versetzen, ihren Beruf mit großem Erfolg auszuüben.

Der Vertriebsweg

Wir vertreiben unsere Produkte über selbstständige Verkäufer, die als Vertriebspartner ausschließlich für uns arbeiten. Die Verkäufer sind einem Verkaufsleiter zugeteilt, der für ihre Entwicklung verantwortlich ist. Dem Verkäufer wird ein Verkaufsgebiet mit bestehenden Kunden zugeteilt, das er mit Sorgfalt betreut und ausbaut.

Der Mensch im Mittelpunkt

Gerade ein Vertriebsunternehmen kann nur so gut sein wie die Mitarbeiter, die für das Unternehmen arbeiten. Die tägliche gute Arbeit unserer Mitarbeiter in den Kundengesprächen und die konkreten Hilfestellungen unserer Führungskräfte dabei sind die Basis unseres Erfolgs. Wir sind uns dessen bewusst und wollen unseren Mitarbeitern die Anerkennung zukommen lassen, die sie verdienen. Wir wollen eine Kultur der gegenseitigen Wertschätzung aufbauen und erhalten. Alle Führungskräfte und Verkäufer unseres Hauses laden wir ein, daran mitzuarbeiten.

Der Verkaufsberuf ist eine Aufgabe, die dann besonders gut bewältigt werden kann, wenn man sich der Herausforderung mit einer positiven Einstellung stellt. Das ist die Erwartung, die wir unseren Verkäufern entgegenbringen. Von Seiten des Unternehmens sagen wir zu, in Ergänzung zur richtigen Einstellung das technische Rüstzeug zu liefern und zu trainieren, damit die Menschen nicht nur gerne bei uns arbeiten, sondern auch den beruflichen Erfolg erzielen können, den sie sich vorstellen.

Wir bieten allen Verkäufern einen gezielten Führungsprozess an und laden sie ein, sich darauf einzulassen. Ein solcher Entwicklungsweg ist vor allem am Anfang nicht immer leicht. Ziel ist es, nicht nur den Vertriebserfolg sicherzustellen, sondern einen Reifungsprozess anzubieten, der nicht nur den Verkäufer, sondern den ganzen Menschen in den Mittelpunkt stellt.

Wir haben in unserem Unternehmen die Abläufe geordnet, weil jemand, der geordnet arbeitet, zwangsläufig Erfolg haben muss. Die Ordnung soll jedoch nicht über dem Menschen stehen, sondern als Werkzeug für den Erfolg dienen. Besondere individuelle Lebenssituationen und Bedürfnisse müssen berücksichtigt werden. So wird es also immer begründete Ausnahmen von der Ordnung geben, weil eben der Mensch im Mittelpunkt steht. Die Ordnung an sich darf deshalb aber nicht infrage gestellt werden.

Wir wollen unsere Mitarbeiter möglichst lang in unserem Unternehmen mit Freude an der Arbeit sehen, am besten ein ganzes Arbeitsleben lang. Wir ermutigen unsere Mitarbeiter ausdrücklich, uns mitzuteilen, wenn sie Entwicklungen im Unternehmen erkennen, die ihrer Ansicht nach ein erfolgreiches Miteinander gefährden.

Unternehmer im Unternehmen

Unser Vertrieb wird größtenteils aus selbständigen Handelsvertretern gebildet, die mit unserem Unternehmen einen Exklusivvertrag abgeschlossen haben. Diesen Verkäufern wollen wir einen Rahmen geben, in dem sich ihr eigenes Unternehmen im Unternehmen gut entwickeln kann. Dafür bieten wir eine Grundausbildung und ständige Fortbildung in Fach- und Verkaufswissen an. Darüber hinaus bieten wir einen Führungsprozess durch die Verkaufsleiter und die Übertragung von Kundenpotenzial.

Das Betriebskapital

Das Betriebskapital unserer Unternehmer im Unternehmen sind also die gute Einstellung, die gute Ausbildung, die konkrete Begleitung und das Kundenpotenzial. Die Basis allen Erfolgs sind natürlich die Kundentermine, denn *Verkaufserfolg setzt voraus, dass Verkaufsgespräche stattfinden*! Wer genug Termine hat, wird auf lange Sicht zwangsläufig erfolgreich sein. Wir haben die Frequenz der Kundentermine in unserer Ordnung geregelt und im Wochenplan der Verkäufer ein Muster angeboten, anhand dessen diese Termine in den täglichen Arbeitsablauf zeitlich eingepasst werden können.

Obwohl wir unsere Verkäufer als selbstständige Unternehmer betrachten, müssen bestimmte Erfordernisse erfüllt sein, damit der Erfolg des Unternehmens geplant und verlässlich erreicht werden kann. Hierfür sind folgende Schritte notwendig:

Ziele vereinbaren

Es ist notwendig, von jedem unserer Verkäufer eine Umsatzplanung einzufordern und mit den Erfordernissen des Unternehmens in Einklang zu bringen. Generell empfehlen wir, sich nicht zu sehr auf vereinbarte Zahlenziele zu fixieren. Oft ist das mit der Sorge verbunden, ob denn die Ziele erreichbar sind und ob die damit verbundene Prämienzahlung erwirtschaftet werden kann. Das Unternehmen wird keine Ziele festlegen, die nicht erreichbar sind, und sich in der Zielplanung an den Wachstumsprognosen des Marktes orientieren. Wo die vereinbarte Anzahl von kompletten Verkaufsgesprächen durchgeführt wird, werden die geforderten Ergebnisse auf jeden Fall erreichbar sein.

Kriterien für die Betreuung der Kundenbestände

Zugeteilte Kundenbestände sind eine große Chance für den Unternehmer im Unternehmen, aber auch eine Verpflichtung, damit sorgsam umzugehen. Das Unternehmen kann Kundenbestände nur dann überlassen, wenn gewährleistet wird, dass diese Kunden im Rahmen unserer Unternehmensphilosophie betreut werden. Unsere Kunden haben das Recht darauf, einmal im Jahr von einem Vertreter unseres Hauses besucht zu werden, damit die aktuelle Lebenssituation erfasst wird und entsprechend gehandelt werden kann. Die Verkäufer sind aufgefordert, die Kundenbestände durch die Frage nach der Empfehlung auszubauen. Die Kundenbestände sind das Betriebskapital der Best Service AG. Unsere Verkäufer sind gebeten, daran mitzuarbeiten, dass dieses Betriebskapital nicht kleiner, sondern größer wird.

Controlling-Maßnahmen vereinbaren

Das Unternehmen muss zu allen Zeiten einen Überblick über die erbrachten Leistungen seiner Verkäufer haben, um gegebenenfalls korrigierend eingreifen zu können. Die Basis hierfür bietet einerseits die monatliche Auswertung der Vertriebsergebnisse durch das zentrale Controlling, aber auch die schriftliche Aufzeichnung der wichtigsten Aktivitäten der Verkäufer. Die Verkäufer sind gebeten, die dafür entwickelten Formblätter in der jeweils gültigen Form auszufüllen und der Führungskraft zur Verfügung zu stellen.

Diese Aufzeichnungen dienen dazu, dass die Führungskraft einen raschen Überblick über die Qualität der Arbeit ihrer Mitarbeiter erhält. Außerdem sind diese Aufzeichnungen Thema der regelmäßigen Coaching-Gespräche. Das Unternehmen legt großen Wert darauf, dass diese Aufzeichnungen in einfachster Form stattfinden können, und wird den geforderten Umfang so gering als möglich halten.

Die Struktur des Vertriebes

Der Vertrieb unseres Unternehmens wird in folgenden Strukturen geführt: An oberster Stelle steht der *Vertriebsvorstand*. Die nächste Ebene bilden die zwölf *Gebietsdirektoren* des Bundesgebietes. Jeder Gebietsdirektor führt zwölf *Verkaufsleiter*, die wiederum je zwölf *Verkäufer* führen. Damit ergibt sich, wenn alle Stellen besetzt sind, folgende zahlenmäßige Aufstellung:

- 1 Vorstand

- 12 Gebietsdirektoren

- 144 Verkaufsleiter

- 1728 Verkäufer

Alle Führungskräfte im Vertrieb verstehen sich als Hüter der *Sales-Ordnung*. Sie beschäftigen sich so intensiv mit den Inhalten der *Sales-Ordnung*, dass sie die dort festgehaltenen Abläufe und Inhalte jederzeit abrufen können. Praktische Erfahrungen mit der *Sales-Ordnung* werden notiert und in der Vollversammlung aller Führungskräfte des Vertriebes im 1. und 3. Quartal des Kalenderjahres diskutiert. Adaptierungen können gemeinsam beschlossen und vorgenommen werden, es ist aber darauf zu achten, dass dies nur in wirklich begründeten Fällen geschieht.

Funktionen und Aufgaben der Führungskräfte zur Führung der Verkäufer im Vertrieb sind folgende:

Vertriebsvorstand

Der Vertriebsvorstand ist für die Verkaufsergebnisse im gesamten Gebiet verantwortlich. Er legt in Absprache mit den zwölf Gebietsdirektoren des

Bundesgebietes die Planzahlen des Kalenderjahres fest. Er stellt sicher, dass die Ordnung in der jeweils gültigen Form allen Führungskräften im Vertrieb sowie allen Verkäufern zur Verfügung steht.

Der Vorstand coacht die Gebietsdirektoren bei der Umsetzung der *Sales-Ordnung* in ihren Gebieten. Er ist sich darüber bewusst, dass er eine sehr große Aufgabe übernommen hat, die er nur mit Hilfe seiner Führungskräfte und Verkäufer erfüllen kann. Er geht deshalb demütig an seine Aufgabe heran und zeigt den Menschen seine Wertschätzung. Er ist im Umsetzten der *Sales-Ordnung* konsequent, Menschlichkeit geht ihm aber über Strenge.

Gebietsdirektor

Der Gebietsdirektor ist Teil der Steuerungsgruppe, die aus dem Vorstand und den Gebietsdirektoren besteht. Die Steuerungsgruppe wird nach Bedarf vom Vorstand einberufen. Sie legt die Umsatzziele fest und steuert die Vertriebsprozesse.

In seiner Region hat der Gebietsdirektor die Aufgabe, den Führungsprozess der Verkaufsleiter zu begleiten. Er unterstützt als Coach die Verkaufsleiter bei der Umsetzung der *Sales-Ordnung* und überzeugt sich durch häufiges Erscheinen vor Ort von der Qualität der Führungsprozesse.

Verkaufsleiter

Der Verkaufsleiter bekleidet eine zentrale Stelle in der Vertriebsstruktur. Er ist direkt mit den Verkäufern beschäftigt und ist am besten mit ihrer Eigenschaften, Stärken und Entwicklungsfeldern vertraut. Durch den ständigen Kontakt mit den Verkäufern ist er auch über private Höhen und Krisen informiert.

Der Verkaufsleiter nimmt alle diese Erfahrungen mit in den Führungsprozess und versucht, für jeden der ihm anvertrauten Mitarbeiter das richtige Maß an Zuwendung zu finden. Die *Sales-Ordnung* steht als Grundlage immer außer Frage, die Rahmenbedingungen, in denen sich die Mitarbeiter gerade befinden, müssen aber immer ernsthaft im Führungsprozess berücksichtigt werden.

Der Verkäufer

Die Einstellung

Unsere Verkäufer gehen mit Freude an ihre Aufgabe heran. Sie wissen, dass die richtige Grundeinstellung zur Arbeit einen großen Teil des Erfolges ausmacht. Sie suchen sich Herausforderungen und haben Freude daran, ihnen zu begegnen. Wir bezeichnen diese Herausforderungen in unserem Haus als „rote Linie". Wir wollen gemeinsam mit den Verkäufern und Führungskräften solche roten Linien finden und Handlungsmöglichkeiten entwickeln.

Unsere Verkäufer sind Menschen, die sich für Führungsprozesse öffnen, weil sie erkennen, dass man nur durch die Führung und Begleitung eines anderen eigene Entwicklungspotenziale erkennen kann und dass die Umsetzung einen Wegbegleiter erfordert, der fördert, aber auch einfordert.

Die Handlung

Die Verkaufsgespräche in unserem Unternehmen sind größtenteils standardisiert. Die Standards haben wir aus der Analyse von Verkaufsgesprächen in den letzten Jahren entwickelt mit dem Ziel, unseren Verkäufern bewährte Vorgehensweisen zur Verfügung zu stellen.

Der Verkäufer willigt ein, diese Standards in seinen Verkaufsgesprächen einzusetzen und seine diesbezüglichen Erfahrungen seiner Führungskraft rückzumelden. Wir beabsichtigen, den Ablauf der bei uns gültigen Verkaufsgespräche durch die Rückmeldungen aus der Praxis ständig zu verbessern.

Im konkreten Verhalten beim Kunden erwarten wir von unseren Verkäufern, sich mehr als *„Fragesteller"* denn als *„Produktpräsentator"* zu zeigen. Wenn man die Kaufmotive der Kunden verlässlich erkennen will, dann geht das nur durch gute Fragen. Außerdem ist es wichtig, nach diesen Fragen eine Pause von einigen Sekunden abzuwarten und die entstehende Stille auszuhalten, damit der Kunde in seinem Denk- und Entscheidungsprozess nicht gestört wird.

Verkäufer sind gehalten, sich zu bemühen, ihren Redeanteil in den Kundengesprächen zurückzunehmen. Das trägt dazu bei, den Kunden ernst zu nehmen, indem ihm die Verantwortung für die Entwicklung des Gesprächs übertragen wird. Außerdem erspart ein solches Verhalten im dicht gedrängten Programm eines Verkäufers viel Zeit. Wer mit guten Fragen und Pausen arbeitet, erreicht in der Hälfte der Zeit die doppelte Wirkung.

Der zeitliche Aufwand

Zum Erfolg im Verkaufsberuf gehört ein ambitionierter Zeiteinsatz. Die Erfahrung hat gezeigt, dass in etwa 50 Stunden pro Woche nötig sind, um in diesem Beruf erfolgreich zu sein. Die Verkäufer willigen ein, ihren Wochenablauf so zu planen, dass im Schnitt dabei 50 Arbeitsstunden herauskommen.

Vertretung nach außen

Der Verkäufer ist sich bewusst, dass er in allen seinen Handlungen das Unternehmen nach außen vertritt. In der Kommunikation mit unseren Kunden legen wir auf Klarheit, Verbindlichkeit und Wertschätzung großen Wert. Ein gepflegtes Äußeres erachten wir als wichtige Grundlage im Kundenverkehr.

Kundenbestände

Unser Unternehmen teilt dem Verkäufer nach erfolgter Grundausbildung einen eigenen Kundenbestand zur Betreuung und zum Ausbau zu. Die Bestandskunden sind einmal im Jahr zu besuchen, damit eine aktuelle Betreuung der Kunden immer gesichert ist. Diese Frequenz ist mit den Kunden zu vereinbaren.

Die Ordnung des Verkaufens

Der Grundsatz

Jeder Verkäufer unseres Hauses führt täglich mindestens zwei komplette Verkaufsgespräche durch. Ein Verkaufsgespräch ist dann komplett, wenn alle im Folgenden beschriebenen Phasen des Verkaufsgespräches stattgefunden haben. Die Zahl zwei ist als Mindestanzahl zu verstehen. Die Führungskräfte sind aufgefordert, den Verkäufer nach der Struktur seines Tagesablaufs und der Abwicklung der Verkaufsgespräche so zu entwickeln, dass drei Gespräche am Tag stattfinden.

Insbesondere beinhaltet ein komplettes Verkaufsgespräch den Einsatz unseres Kundenbefragungsbogens (KBB).

Die Terminvereinbarung

1. Wann wird terminiert?

Die Erfahrung mit der Terminierung hat uns gezeigt, dass es sinnvoll ist, wenn der Verkäufer an jedem Arbeitstag drei Termine vereinbart. So füllt sich sein Terminkalender im Laufe der Woche mit der beabsichtigten Anzahl von 15 Terminen.

Der Verkäufer führt also ständig eine Liste von Kunden und deren Telefonnummern mit sich, die er demnächst anrufen will. Wann immer er im Laufe des Arbeitstages Zeit findet, wird er Kunden aus dieser Liste anrufen, bis drei Termine vereinbart sind.

2. Wer wird angerufen?

Die Liste der anzurufenden Kunden ergibt sich einerseits aus der Bestandsbetreuung und anderseits aus der Tagesaktualität.

Wenn ein neuer Mitarbeiter einen Bestand zur Betreuung übertragen bekommen hat, wird er nach und nach zu allen Kunden in diesem Bestand Kontakt suchen.

Mitarbeiter, die schon länger im Unternehmen sind, bemühen sich, jeden Bestandskunden einmal pro Jahr zu besuchen.

Aber auch aus der Tagesaktualität heraus ergibt sich ein Bedarf, Kunden anzurufen und Termine zu vereinbaren. Wenn z. B. unser Unternehmen ein neues Produkt auf den Markt gebracht hat, das auf eine bestimmte Zielgruppe besonders gut passt, dann sind die betreffenden Kunden aus dem Bestand zu selektieren und Termine zu vereinbaren.

3. Wie wird angerufen?

Für die Ansprache am Telefon wählt der Verkäufer passende Redewendungen, die er jederzeit auswendig abrufbar hat. Folgende Beispiele haben sich bewährt:

Bestandskunde – Erstkontakt:
„Grüß Sie, Herr X, mein Name ist Herr Y von der Best Service AG. Ich darf Sie ab sofort persönlich betreuen. Deswegen habe ich mir Ihre Verträge bei uns angesehen. Da sind mir ein paar Verbesserungsvorschläge aufgefallen, die ich Ihnen gerne persönlich präsentieren will. Ich bin nächste Woche am Montag um 18:00 Uhr und am Freitag um 15:00 Uhr in Ihrer Nähe. Welcher Termin passt Ihnen besser?"

Bestandskunde – regelmäßiger Kontakt:
„Grüß Sie, Herr X, hier spricht Ihr Berater von der Best Service AG. Wir haben ja vereinbart, uns einmal im Jahr zutreffen. Es ist jetzt wieder so weit, ich kann Ihnen ein paar sehr interessante Vorschläge mitbringen. Ich bin nächste Woche am Montag um 18:00 Uhr und am Freitag um 15:00 Uhr in Ihrer Nähe. Welcher Termin passt Ihnen besser?"

Aktionskunde:
„Grüß Sie, Herr X, hier spricht Ihr Berater von Best Service AG. Wir haben ja seinerzeit gemeinsam das Problem Y angesprochen. Jetzt bietet unser Unternehmen dafür eine hervorragende Lösung an, die ich Ihnen gerne persönlich zeigen will. Ich bin nächste Woche am Montag um 18:00 Uhr und am Freitag um 15:00 Uhr in Ihrer Nähe. Welcher Termin passt Ihnen besser?"

Empfehlungskunde:
„Grüß Sie, Herr X, mein Name ist Herr Y von Best Service AG. Ihr Bekannter, Herr Z, hat mir Ihre Kontaktdaten anvertraut, weil er mit meiner Beratung sehr zufrieden gewesen ist. Ich möchte Ihnen gerne persönlich die Vorteile einer Kooperation mit unserem Haus erklären. Ich bin nächste Woche am Montag um 18:00 Uhr und am Freitag um 15:00 Uhr in Ihrer Nähe. Welcher Termin passt Ihnen besser?"

4. Einwände der Kunden

Die meisten Einwände, denen ein Verkäufer bei der Terminvereinbarung begegnet, haben damit zu tun, dass der Kunde seine Zeit sinnvoll verwenden will und Zweifel hat, ob es sich für ihn lohnt, Zeit in ein Gespräch mit dem Verkäufer zu investieren. Diese Einwände des Kunden wollen wir ernst nehmen und ihm helfen, sie auszuräumen. Aber auch für andere Einwände des Kunden sollte ein Verkäufer gut vorbereitet sein, bevor er zum Hörer greift.

Kunde:	Ich habe im Moment sehr wenig Zeit!
Verkäufer:	Das verstehe ich, Herr Kunde, meine Zeit ist ebenso knapp. Was halten Sie davon, wenn wir uns für unser Gespräch einen Rahmen von maximal einer Stunde vornehmen?
Kunde:	Schicken Sie mir Unterlagen!
Verkäufer:	Das könnte ich natürlich machen. Die Erfahrung zeigt aber, dass beim Durchsehen der Unterlagen immer wieder Fragen entstehen, die wir dann gemeinsam beantworten können!
Kunde:	Ich glaube, ich bin rundum gut versorgt!
Verkäufer:	Herr Kunde, wenn Sie gut versorgt sind, dann wird Sie mein Besuch nur bestätigen. In diesem Fall würde ich Sie auch nicht lange aufhalten.
Kunde:	Sie sind schon der dritte Berater von Ihrem Unternehmen, der mich innerhalb eines Jahres anruft!
Verkäufer:	Ich kann verstehen, dass Sie verärgert sind. Bei uns gab es einige Umstrukturierungen, die jetzt abgeschlossen sind. Und wenn Sie mit mir zufrieden sind, dann steht einer langfristigen Kooperation nichts im Wege.

Das Verkaufsgespräch

1. Vorbereitung

Wenn der nächste Kunde ein Bestandskunde ist, dann nimmt der Verkäufer den Kundenberatungsbogen (KBB) und stimmt sich im Vorfeld auf die dort notierten Angaben ein. Er überlegt sich, wie er die einzelnen Punkte des KBB beim Kunden hinsichtlich aktueller Ereignisse abfragen wird.

Bei Kunden, für die noch kein KBB ausgefüllt worden ist, ist der feste Vorsatz zu fassen, den Bogen in dem folgenden Gespräch auf jeden Fall komplett auszufüllen.

Eine kurze telefonische Vorankündigung des Besuches beim Kunden hat sich bewährt, damit sichergestellt ist, dass der Kunde den Termin auch wirklich vorgemerkt hat.

2. Aufwärmen

Die erste Phase des Gespräches dient dem Herstellen einer guten Atmosphäre. Der Verkäufer stellt sich auf den Kunden ein. Er schiebt für die Zeit des Gespräches alle anderen Gedanken beiseite, um voll und ganz im Hier und Jetzt mit diesem Kunden zu sein. Er lässt den Kunden Aktuelles erzählen und bestätigt seine Aufmerksamkeit durch Nachfragen. Der Verkäufer leistet aber auch selbst seinen Beitrag zur Atmosphäre, in dem er etwas von sich erzählt. Es ist zu beachten, dass diese Aufwärmphase 5 Minuten nicht überschreitet.

3. Erheben mit dem Kundenbefragungsbogen

Der Kundenbefragungsbogen ist Teil unserer Unternehmensphilosophie und wird in jedem Verkaufsgespräch eingesetzt. Dieser Bogen klärt mit überlegten Fragen die Bedürfnisse des Kunden. Ziel seines Einsatzes ist es, den Kunden in seiner Lebenssituation abzuholen und ihn bei der Findung seiner Kaufmotive zu unterstützen.

Der KBB begleitet die Kundenbeziehung. Bei Bestandskunden wird der Verkäufer den Bogen vorher durchgehen, um sich auf das Gespräch mit dem Kunden einzustimmen. Im Gespräch wird der Bogen dann auf den Tisch gelegt. Der Verkäufer wiederholt in Schlagworten die Fakten, die darauf vermerkt sind, und fragt dann den Kunden, was sich bei den einzelnen Punkten an seiner Lebenssituation verändert hat.

Zur Überleitung vom Anwärmen zur Erhebungsphase nimmt der Verkäufer den KBB zu Hand. Folgende Formulierungen haben sich bewährt:

Neukunde:
„Herr Kunde, mein Ziel ist es, Sie gut zu beraten. Dafür habe ich ein paar Fragen mitgebracht, die ich Ihnen jetzt gerne stellen würde. Sehen wir uns gemeinsam die erste Frage an!"

Bestandskunde:
„Herr Kunde, ich habe wieder unseren Bogen mitgebracht, der unsere Beziehung schon seit einiger Zeit begleitet. Sehen wir uns gemeinsam die einzelnen Punkte an. An welchen Stellen haben sich Veränderungen ergeben?"

4. Lösungen

Erst wenn die Bedürfnisse des Kunden klar auf dem Tisch liegen, darf nach Lösungen gesucht werden. Bei Neukunden soll sich der Verkäufer bemühen, aufgrund der erhobenen Situation ein Gesamtpaket zu entwickeln, das nach gründlicher Ausarbeitung bei einem späteren Termin präsentiert wird. Von großem Vorteil ist, wenn der Neukunde dem Verkäufer seine bisherigen Policen zur Verfügung stellt, damit der Verkäufer einen konkreten Überblick bekommt und Produktvorteile klar herausarbeiten kann. Am besten geht das erfahrungsgemäß mit der Frage:

„Herr Kunde, was halten Sie davon, wenn ich mir zur besseren Übersicht Ihre bisherigen Verträge genauer ansehe? Darf ich die Mappe mit Ihren Verträgen mitnehmen?"

Bei Bestandskunden geht es meist um eine konkretes Problem, das mit einem bestimmen Produkt gelöst werden kann. In diesem Fall kann dann nach der Erhebungsphase direkt auf eine entsprechende Lösung hingearbeitet werden.

„Herr X, Sie sagen also, dass das Thema Rentenvorsorge für Sie jetzt wichtig geworden ist. Was genau erwarten Sie von dieser Absicherung? ... Was noch? ... Was noch?"

5. Produkte

Erst wenn der Bedarf klar definiert ist und die konkreten Erwartungen an ein bestimmtes Produkt bekannt sind, mit dem der Kunde dieses Problem lösen will, dürfen konkrete mögliche Produkte angesprochen werden. Jetzt geht es darum, ein Produkt im Rahmen der Möglichkeiten, die unser Unternehmen dafür bietet, zusammenzustellen, sodass es genau auf die Wünsche dieses Kunden passt.

In der Phase der Produktfindung muss der Kunde intensiv eingebunden werden. Auch an dieser Stelle des Gespräches geht es nicht so sehr darum, die Vorteile eines Produktes zu präsentieren, sondern mehr darum, dem Kunden die Verantwortung für die Auswahl der Produktbausteine zu übertragen.

„Herr Kunde, bei diesem Produkt X könnten wir gegen einen geringen Aufpreis noch den Vorteil Y nutzen. Wie wichtig wäre das für Sie?"

6. Zusammenfassung

Die Zusammenfassung soll die markanten Punkte des Gespräches noch einmal aufzeigen. Sowohl die Motivfindung als auch die konkret ins Auge gefasste Lösung sollen dem Kunden noch einmal kurz so dargestellt werden, dass er einen für sich stimmigen Zusammenhang erkennt. Diese Zusammenfassung geht in die Abschlussphase über, in der der Verkäufer folgende Abschlussfrage stellt.

„Herr Kunde, ich glaube jetzt sind wir so weit. Ab wann wollen Sie denn von den Vorteilen dieses Produktes profitieren?"

7. Einwände des Kunden

Der Kunde braucht oft Zeit, zu begreifen, dass er sich für die gemeinsam vereinbarte Lösung entschieden hat. So kommt es manchmal vor, dass er am Schluss noch Einwände vorbringt, auch wenn er sich im Herzen schon für den Abschluss entschieden hat. Oft geht es bei diesen Entscheidungen um Dinge, die der Kunde schon lange vor sich her geschoben hat und die ihn nun noch einmal zögern lassen, vor allem dann, wenn es sich um einen größeren Betrag handelt, den er für die Lösung des anstehenden Problems aufzuwenden hat. Der gute Verkäufer ist in dieser Phase ein Partner, der dem Kunden hilft zu begreifen, dass die Entscheidung die richtige ist, weil der Kunde sie ja selbst nach der behutsamen Annäherung an das Thema getroffen hat. Unsere Verkäufer helfen dem Kunden, seine Einwände auszuräumen.

Kunde:	Ich glaube, das muss ich mir noch einmal überlegen!
Verkäufer:	Überlegen wir doch gemeinsam. Welche Fragen sind denn für Sie noch offen?
Kunde:	Die Prämie ist aber schon sehr hoch!
Verkäufer:	Da haben Sie Recht, Herr Kunde. Wollen wir noch einmal gemeinsam überlegen, was Sie dafür alles bekommen?
Kunde:	Ihr Vorschlag klingt überzeugend, aber ich kann mir diesen Betrag im Augenblick nicht leisten!
Verkäufer:	Danke, Herr Kunde, dass Sie mir das so offen sagen. Welchen Betrag wollen Sie sich denn im Monat leisten?
Kunde:	Reden wir in ein paar Monaten darüber!
Verkäufer:	Wenn wir erst in ein paar Monaten darüber reden, verlieren Sie wertvolle Zeit. Fassen wir noch einmal zusammen ...
Kunde:	Ich werde mir noch ein anderes Angebot einholen!
Verkäufer:	Darf ich fragen, was Sie sich davon erwarten? ... Wir haben ein Konzept entwickelt, das genau zu Ihnen passt. Welche Fragen sind für Sie noch offen?
Kunde:	Aber unterschreiben tu ich heute nichts!
Verkäufer:	Gut, dass Sie mich darauf hinweisen, Herr Kunde, bei mir dürfen Sie gar nicht unterschreiben, bevor Sie nicht restlos überzeugt sind. Welche Punkte sind Ihnen noch unklar?
Kunde:	Ich will mir zuerst noch das „Kleingedruckte" durchlesen!
Verkäufer:	Ich sehe, Herr Kunde, dass Sie noch Fragen haben. Sehen wir uns gemeinsam die wichtigsten Punkte an.

8. Abschluss

Erst wenn wirklich alle Einwände ausgeräumt sind, kann ein Vertrag geschlossen wenden, der auch halten wird. Der Verkäufer stellt an dieser Stelle noch einmal die Abschlussfrage, holt sich das Einverständnis vom Kunden ab und beginnt, den Vertrag zu schreiben.

9. Cross-Selling

Das Unternehmen will sicherstellen, dass der Kunde von uns rundum beraten wird und seiner Lebenssituation und seinem Einkommen entsprechende Absicherungen getroffen hat. In der Abschlussphase geht der Verkäufer die Kundenbeziehung noch einmal durch, er überlegt, welchen Zusatznutzen der Kunde noch beanspruchen könnte, und spricht ihn mit einer zielführenden Frage darauf an:

> „Herr Kunde, jetzt haben wir das Problem X wunderbar für Sie gelöst. Ich habe noch eine Frage an Sie: Wo haben Sie eigentlich die Sparte Y abgesichert?"

Fragen für das Cross-Selling

Für die direkte Ansprache einzelner Sparten im Kundengespräch bieten sich folgende Vorschläge an:

■ **Existenz erhalten**

– *Ableben*

„Wie kann Ihre Familie ihren Lebensstandard halten, wenn Ihnen etwas zustößt?"
„Wer kümmert sich um Ihre Kinder, wenn Ihrer Frau etwas zustößt?"

– *Unfallversicherung*

„Wie würde ein schwerer Unfall Ihr Leben verändern?"
„Wie würden Sie die Mehrausgaben nach einem schweren Unfall finanzieren?"

– *Kinderunfallversicherung*

„Wissen Sie, wie viele Kinder jährlich in einen Unfall verwickelt sind?"
„Was glauben Sie, was ein Schutzengel für Ihr Kind kostet?"

– *Rentenvorsorge*

„Was werden Sie tun, wenn Sie in Rente sind?"
„Wie werden Sie, wenn Sie Rentner sind, Ihren Lebensstandard behalten?"

– *Berufsunfähigkeit*

„Was würde eine Berufsunfähigkeit für Sie und Ihre Familie bedeuten?"

„Wie würden Sie im Falle einer Berufsunfähigkeit Ihre Fixkosten finanzieren?"

– *Krankentagegeld*

„Welche Kosten können bei einem Krankenhausaufenthalt auf Sie zukommen?"

„Wie würden Sie Ihren Verdienstausfall bei einem Krankenhausaufenthalt ausgleichen?"

– *Krankenhaus-Zusatzversicherung*

„Was ist Ihnen eine erstklassige Behandlung im Krankenhaus wert?"

„Würden Sie gerne Ihren Termin im Krankenhaus selbst bestimmen?"

■ **Besitz bewahren**

– *Eigenheim*

„Worauf legen Sie bei der Absicherung Ihres schönen Eigenheims besonderen Wert?"

„Wenn ich Ihnen morgen Ihr Haus abkaufe, wie viel müsste ich Ihnen dafür bezahlen?"

– *Hausrat*

„Wo haben Sie Ihre Hausratsversicherung?"

„Was halten Sie davon, wenn Sie sich im Falle eines Wohnungsbrandes alles neu einrichten könnten?"

– *Autokasko*

„Wissen Sie, was eine Kaskoversicherung alles abdeckt?"

„Was würden Sie sagen, wenn wir Tag und Nacht auf Ihr Auto aufpassen?"

– *Rechtsschutz*

Wollen Sie, dass Sie Recht bekommen, wenn Sie Recht haben?

Was halten Sie von einer kostenlosen Rechtsberatung?

■ **Vermögen vermehren**

– *Kapitalaufbau*

„Wie wichtig ist es für Sie, in Zukunft über Geld zu verfügen?"
„Welche Sparformen kennen Sie?"

– *Finanzierung*

„Wie muss eine Finanzierung aussehen, die genau zu Ihnen passt?"
„Was erwarten Sie sich von einer guten Finanzierung?"

– *Kapitalanlage*

„Was erwarten Sie von einer guten Kapitalanlage?"
„Wo haben Sie Ihr Geld angelegt?"

– *Zukunft der Kinder*

„Wie wichtig ist Ihnen die finanzielle Vorsorge für Ihre Kinder?"
„Was halten Sie davon, für Ihre Kinder ein finanzielles Polster aufzubauen?"

– *Bausparen*

„Was halten Sie vom Bausparen?"
„Welchen Traum würden Sie sich gerne in ein paar Jahren erfüllen?"

10. Empfehlung

Unser Unternehmen lebt von der guten Betreuung unserer Kunden und von dem Ausbau des Kundenstammes. Unsere Verkäufer fragen ihre Kunden deswegen nach Menschen in deren Bekanntenkreis, die sie für eine Beratung durch den Verkäufer empfehlen können. Folgende Fragenkette hat sich bewährt:

– „Herr Kunde, waren Sie mit der Beratung zufrieden?"

– „Würden Sie mich weiterempfehlen?"

– „Wer fällt Ihnen konkret ein?"

Alternativ kann sich die Empfehlungsfrage auch auf das Produkt beziehen, das eben gekauft wurde:

„Herr Kunde, jetzt haben Sie erlebt, wie wenig es kostet, Ihre Kinder für den Fall eines Unfalles abzusichern. Was glauben Sie, für welche Familie in Ihrem Bekanntenkreis ist eine solche Absicherung auch von Interesse?"

11. Wiedervorlage

Aus dem Ausfüllen des KBB und aus Informationen aus dem Kundengespräch ergeben sich Anlässe, die einen weiteren Kundenbesuch erfordern. Unsere Verkäufer tragen diese beabsichtigen Termine in eine Liste „Wiedervorlage" ein, damit sie den Vereinbarungen mit den Kunden regelmäßig nachkommen.

Die Führungskraft

Grundsatz

Die Führungskräfte unseres Hauses sollten sich immer dessen bewusst sein, dass sie eine große Aufgabe übernommen haben. Verkäufer bilden die Grundlage des Verkaufserfolgs im Unternehmen. Wir wollen sie wertschätzen und zur Reife bringen. Die Entwicklung des Verkäufers ist von der Qualität des Führungsprozesses abhängig. Unsere Führungskräfte sind sich dieser Verantwortung bewusst und beabsichtigen, sich intensiv auf jede einzelne anvertraute Person einzulassen. Wir wollen unsere Verkäufer möglichst lange in unserem Unternehmen halten und Fluktuationsprozesse so gering wie möglich halten. Voraussetzung dafür ist, dass der Verkäufer bei uns findet, was er sucht. Der Führungskraft kommt dabei eine Schlüsselfunktion zu.

Vorbildfunktion

Die Führungskraft zeigt mehr durch ihr Handeln als durch ihr Reden, was sie von ihren Mitarbeitern erwartet. Sie hat in puncto Arbeitseinsatz und Einhalten der vereinbarten Ordnung in den Abläufen Vorbildfunktion.

Als Vorbild beherrscht die Führungskraft die im Unternehmen eingesetzte Arbeitstechnik im Detail, sodass sie jederzeit in der Lage ist, mit den anvertrauten Mitarbeitern Übungen durchzuführen, um die Fertigkeiten zu automatisieren und im Kundengespräch jederzeit verfügbar zu machen.

Verantwortung

Die Führungskraft ist sich dessen bewusst, dass sie für die Entwicklung des Verkaufsgebietes und die Entwicklung der Mitarbeiter verantwortlich ist. In Absprache mit der Unternehmensleitung können manche einzelne Schritte an dafür vorgesehene Abteilungen im Unternehmen delegiert werden. Wir sind aber der Auffassung, dass Führung direkt immer nur von einer Person, der unmittelbaren Führungskraft des Verkäufers, ausgeübt werden kann.

Die nächsthöhere Führungsebene ist gehalten, Entscheidungen der Führungskraft des Verkäufers, die im Rahmen ihres Kompetenzbereiches getroffen worden sind, nicht zu „overrulen." Will sich ein Verkäufer bei schwerwiegenden Meinungsverschiedenheiten mit seiner Führungskraft an die nächste Hierarchieebene wenden, so hat er seine Führungskraft davon in Kenntnis zu setzen. Etwaige diesbezügliche Gespräche des Verkäufers mit einem Vertreter der nächsthöheren Hierarchieebene sind im Beisein seiner Führungskraft zu führen.

Situatives Führen

Die Führungskraft ist angehalten, sich vom Gespür für den rechten Augenblick leiten zu lassen und mit Bedacht an ihre Aufgabe heranzugehen. Auf der Basis der Unternehmensvorgaben soll das Leistungsvermögen der einzelnen Mitarbeiter berücksichtigt werden und insgesamt ein Klima maßvoller Herausforderung geschaffen werden. Diejenigen Mitarbeiter, die besondere Herausforderungen suchen, sollen diese finden. Solche, die nicht zu den Topleuten gehören wollen oder können, sollen nicht überfordert werden. Bei der Festlegung des rechten Maßes sind die vom Unternehmen definierten Mindestanforderungen zu berücksichtigen.

Vereinbarungen

Was mit den Mitarbeitern vereinbart ist, muss eingehalten und umgesetzt werden. Dies gilt für zeitliche Vereinbarungen mit den Mitarbeitern, aber auch für Klärungsprozesse, die die Führungskraft im Namen des Mitarbeiters im Unternehmen durchführt. Wenn es sich zeigt, dass Teile einer Vereinbarung nicht umzusetzen sind, dann sucht die Führungskraft sofort den Kontakt mit dem Mitarbeiter und erklärt ihm den Sachverhalt.

Die Ordnung des Führens

Alle Aktivitäten unserer Führungskräfte, die sich direkt mit der Entwicklung einzelner Verkäufer oder des gesamten Vertriebsteams befassen, wollen wir mit dem Begriff *„Sales Coaching"* bezeichnen. Unter Sales Coaching verstehen wir den geplanten Prozess der Entwicklung und Begleitung der einer Führungskraft anvertrauten Mitarbeiter. Die einzelnen Bausteine des Sales Coaching sind das *Führungsgespräch*, die *direkte Begleitung* einzelner Mitarbeiter bei der Terminvereinbarung und im Verkaufsgespräch so wie die *Team-Meetings*.

Der *Führungsprozess* verfolgt folgende Ziele: Einmal geht es darum, sicherzustellen, dass der für den Mitarbeiter geplante Umsatz erreicht wird, damit die Unternehmensziele insgesamt erreicht werden können. Genauso steht aber der persönliche Reifungsprozess des Verkäufers im Mittelpunkt, damit es ihm gelingt, diese Ziele in einem vertretbaren Zeitaufwand sicher zu erreichen.

Die Haltung des *Coaches* ist immer die eines *Fragestellers*, der gute Fragen zu formulieren weiß und nach den Fragen die Pause abwartet, damit der Lösungsprozess aus dem Mitarbeiter heraus reifen kann und nicht von außen aufgezwungen wird.

Bezüglich des Handelns unserer Führungskräfte wollen wir nach *Standardsituationen* suchen, die leicht eingeübt und reproduziert werden können und das Führen in unserem Haus erleichtern. Durch das häufige Üben von Standardsituationen in der Praxis gewinnen wir einen großen Erfahrungsschatz, dessen Analyse die Bausteine der Führung in unserem Haus ständig verbessern wird.

Führungsgespräche finden in unserem Unternehmen regelmäßig statt. Wir verwenden das große *Planungsgespräch*, das einmal im Quartal jeweils im Januar, April, Juli und Oktober stattfindet. Darüber hinaus gibt es die ständigen *Entwicklungsgespräche*, die einmal in zwei Wochen stattfinden. Die

Gespräche werden auf unserem Protokollblatt zusammengefasst. Die Führungskraft behält das Original, eine Kopie geht an den Mitarbeiter, eine weitere an die nächsthöhere Führungsebene.

Das Planungsgespräch

Dieses Gespräch dient als Begleiter bei der Erreichung der Ziele des Mitarbeiters. Ist- und Sollzustand in der Zielerreichung werden analysiert und konkrete Maßnahmen für das weitere Vorgehen beschlossen. Die Maßnahmen sind sehr konkret und können z. B. folgendermaßen lauten:

- Ansprechen der Sparte X mit der Ansprache Y in jedem Verkaufsgespräch

- Forcierung des Produktes X. Selektion von entsprechenden Kunden im Bestand, Vereinbarung von Terminen und Ansprechen des Themas mit dem Wortlaut Y.

- Ausbau des Kundenbestandes durch die konkrete Frage nach Empfehlungen in jedem Kundengespräch.

Damit der Mitarbeiter selbst besser nachvollziehen kann, wie gut er einzelne Ziele umgesetzt hat, führt er im Laufe der Woche eine Liste, auf der er die durchgeführten Kundentermine notiert sowie die Aktivitäten, die während des Kundengespräches stattgefunden haben. Im Abschnitt Controlling der Sales-Ordnung wird dieser Punkt ausgeführt.

Das 15-Minuten-Zielgespräch

Diesen Gesprächstyp haben wir für die Durchführung der kürzeren Führungsgespräche entwickelt, die einmal in zwei Wochen stattfinden. In diesem Gespräch geht es insbesondere um die Entwicklung von verkäuferischen Fertigkeiten zur Erhöhung des Erfolgs des Mitarbeiters im Kundengespräch. Das Gespräch ist mit 15 Minuten sehr kurz angesetzt, die Erfahrung hat aber gezeigt, dass die Zeit ausreicht, wenn die Führungskraft das Gespräch mit guten Fragen und Pausen führt und wenn nur ein konkretes Entwicklungsthema angesprochen wird. Dieses Entwicklungsthema soll auch der Gegenstand der Gespräche in den nächsten Wochen sein, bis der

Verkäufer diesen Schritt zufriedenstellend in die Praxis umgesetzt hat. Das Gespräch hat folgenden Ablauf:

1. Smalltalk (1 Minute)

Zu Beginn wird eine gute Gesprächsatmosphäre geschaffen. Wir gehen davon aus, dass die Führungskraft ihre Mitarbeiter so gut kennt, um einiges über ihre Hobbys und ihre familiäre Situation zu wissen. Der Gesprächspartner fühlt sich wertgeschätzt und angenommen, wenn die Führungskraft nach Erlebnissen fragt, die ihn berühren. Schon in dieser Phase des Gespräches ist auf die Zeit zu achten. Eine Minute Smalltalk dauert länger, als man vermuten würde.

2. Lob (1 Minute)

Ein Lob an einer frühen Stelle des Gespräches ist ein großer Motivationsfaktor und hilft dem Mitarbeiter, eventuell mitgebrachte Vorbehalte abzubauen. Ein Lob muss sich immer auf eine konkrete Situation beziehen, am besten auf eine, die die Führungskraft mit ihm gemeinsam erlebt haben.

> „... toll, wie Sie den Kunden in unserem gemeinsamen Gespräch in der letzten Woche doch noch von den Vorteilen des Produktes überzeugen konnten."

An dieser Stelle soll der Mitarbeiter die Gelegenheit finden, die im Lob angesprochene Situation nachzuerleben. Die Führungskraft stellt dazu Fragen wie beispielsweise:

- „Wie haben Sie denn diese Situation erlebt?"

- „Was hat Ihnen denn daran besonders gut gefallen?"

- „Was haben Sie denn daraus für Ihre Kundengespräche gelernt?"

Ein konkretes Lob ist Ausdruck der Anerkennung und Wertschätzung, die wir unseren Mitarbeitern entgegenbringen wollen. An dieser Stelle des Gespräches hat das Lob noch einen kleinen Nebeneffekt: Wer eben für eine gute Leistung gelobt worden ist, ist meistens bereit, sich für Entwicklungsprozesse zu öffnen. An der Stelle hält die Führungskraft ein paar Sekunden inne, damit das Lob noch ein wenig wirken kann. Dann ist es aber an der Zeit, dass eigentliche Thema anzusprechen.

3. Thema (5 Minuten)

Das eigentliche Thema des Gespräches ergibt sich aus der von der Führungskraft beobachteten Entwicklung des Mitarbeiters von selbst. Es gibt immer einen besonders auffälligen Entwicklungspunkt, der dem Mitarbeiter natürlich auch bekannt ist. Es ist zum Beispiel das Produkt Y, das er bei den Kunden kaum unterbringen kann, obwohl dieses Produkt insgesamt im Unternehmen sehr gut läuft. Da dieser Sachverhalt dem Mitarbeiter bekannt ist, bietet sich als Überleitung zum eigentlichen Thema des Gespräches folgende Frage an:

„Herr X, was glauben Sie, worüber wir heute reden sollten?"

In den meisten Fällen wird der Mitarbeiter jetzt das von der Führungskraft erwünschte Thema nennen, weil er sich ertappt fühlt. Sollte er dennoch ein anderes Thema nennen, dann schreibt die Führungskraft dieses auf und weist darauf hin, dass dieses Thema Gegenstand eines späteren Gespräches sein wird, und stellt die Frage noch einmal:

„Herr X, was glauben Sie, worüber wir heute reden sollten?"

Wenn der Mitarbeiter das Thema jetzt noch immer nicht nennt, dann spricht es die Führungskraft z. B. mit folgender Frage an:

„Herr X, wo dürfen denn Ihre Kunden das Produkt Y kaufen?"

Nun wird das eigentliche Thema erörtert. Wir gehen davon aus, dass es sich um den mangelhaften Verkauf der Sparte Y handelt. In dieser Phase ist nun alles gut, was mit „W" beginnt. Die Führungskraft ist also aufgefordert, dem Mitarbeiter eine Reihe von W-Fragen zu stellen, damit dieser den Kern der Sache versteht und Handlungsmotivation entwickelt. Folgender Dialog zwischen der Führungskraft und dem Mitarbeiter könnte sich jetzt abspielen:

Führungskraft: Wo dürfen denn Ihre Kunden das Produkt Y kaufen?

Mitarbeiter: Das weiß ich nicht genau. Das ist aber zugegebenermaßen eine gute Frage.

Führungskraft: Was passiert denn, wenn Sie das Produkt Y nicht anbieten?

Mitarbeiter: Dann werden sich die Kunden wohl woanders umsehen!

Führungskraft: Welchen Vorteil hätten Sie, wenn Sie das Produkt Y ansprechen würden?

Mitarbeiter: Dann hätte ich mehr Einkommen.

Führungskraft: Welchen Vorteil hätten Sie noch?

Mitarbeiter: Ich weiß jetzt nicht genau, was Sie meinen.

Führungskraft: Denken Sie an die Absicherung der Kundenbeziehung.

Mitarbeiter: Ja, das stimmt. Je mehr Produkte der Kunde bei mir hat, desto eher wird er mir treu bleiben.

Führungskraft: Was sind denn aus Ihrer Sicht die Vorteile des Produktes Y für den Kunden? (Mitarbeiter zählt Vorteile auf)

Führungskraft: Welcher von den aufgezählten Vorteilen ist der größte für den Kunden? (Mitarbeiter wählt einen Vorteil aus)

Das Beispiel zeigt, wie die Führungskraft dem Verkäufer den Entwicklungsprozess des Verkaufs der Sparte Y durch gute Fragen schmackhaft macht, bis der Verkäufer selbst überzeugt ist. An dieser Stelle zeigt sich, dass ein *gutes Führungsgespräch auch immer ein Verkaufsgespräch ist*. Es geht nicht darum, dem Verkäufer eine Verhaltensänderung einzureden. Es geht darum, ihn zu bewegen, es selbst zu tun.

Sobald er die Vorteile des Produktes aufzählt, muss die Führungskraft von nun an nicht mehr mit dem Verkäufer über den Vorsatz reden, sondern nur noch um dessen Umsetzung.

4. Handlung (5 Minuten)

Der Verkäufer ist also in das Boot geholt worden, jetzt geht es darum, wie er diese Erkenntnis in Handlung umsetzen will. Die Führungskraft arbeitet nun weiter mit dem größten Vorteil, den der Verkäufer am Produkt Y erkannt hat.

Führungskraft: Wie können Sie diesen Vorteil in eine gute Frage an den Kunden verpacken?

Mitarbeiter: Herr Kunde, wie wichtig ist Ihnen ...?

Führungskraft: Das ist eine sehr gute Frage. Wie viele Kundentermine planen Sie in der nächsten Woche?"

Mitarbeiter: Wir haben ja 15 Termine vereinbart.

Führungskraft: Wie oft werden Sie diese Frage stellen?

Der Verkäufer nennt die Anzahl der Ansprachen, die er sich vorstellen kann. Wenn die Führungskraft der Meinung ist, dass aufgrund der Analyse der Kunden der nächsten Woche mehr Ansprachen möglich wären, kann sie mit dem Verkäufer die einzelnen Kundensituationen im Detail durchgehen. Der Verkäufer wird die Mehrzahl der Chancen erkennen und die beabsichtigte Anzahl von Ansprachen erhöhen.

Wir haben die Erfahrung gemacht, dass der Verkaufserfolg sehr stark davon abhängt, wie gut der Mitarbeiter die zurechtgelegten Fragen beherrscht. Deswegen muss an dieser Stelle des Gespräches eine Übung eingebaut werden. Die Führungskraft spielt den Kunden, und der Verkäufer übt den Prozess, wie er nach dem Abschluss eines Produktes auf das Produkt Y überleiten kann.

Führungskraft: Jetzt wollen wir das Ganze noch einmal üben. Ich spiele den Kunden. Stellen wir uns vor, Sie haben gerade die Sparte X verkauft und wollen nun auf das Produkt Y überleiten!

Diese Übung sollte mehrmals stattfinden, solange, bis die Ansprache klar und deutlich durchgeführt wird.

5. Vereinbarung (1 Minute)

Die Vereinbarung besteht darin, dass der Mitarbeiter nun noch einmal deutlich macht, wie oft er gedenkt, das Produkt Y in der nächsten Woche anzusprechen. An dieser Stelle sind keine Abschlusszahlen zu planen, es geht nur um die Ansprachen. Wir haben die Erfahrung gemacht, dass der Umsatz von selbst kommt, wenn die Häufigkeit der Ansprachen erhöht wird. Deswegen wollen wir den Fokus nicht auf die geplanten Umsätze, sondern auf die konkreten Aktivitäten setzten. Das entlastet den Mitarbeiter, weil er den Umsatz ja nicht fix zusagen kann, die Ansprachen aber schon. Mit einer solchen Arbeit an der Qualität der Verkaufsgespräche lässt sich ein guter Umsatz gar nicht vermeiden.

6. Controlling (1 Minute)

Nun geht es darum festzulegen, wie die Führungskraft davon erfährt, wie es dem Mitarbeiter mit dem Einsatz der vereinbarten Frage in der Praxis ergangen ist. Folgende Frage hat sich bewährt:

„Wie erfahre ich davon?"

Verkäufer neigen dazu, den Zeitpunkt des Feedbacks so lange wie möglich hinauszuschieben. Wenn eine Handlung aber eine gravierende Veränderung im Verhalten des Verkäufers einleiten soll, dann ist es notwendig, das erste Feedback so rasch wie möglich zu bekommen, am besten nach dem nächsten Arbeitstag.

Wenn zu lange mit dem Feedback gewartet wird, besteht die Gefahr, dass die Vereinbarung wieder verwässert und der Mitarbeiter die Frage schließlich gar nicht mehr stellt.

Ein rasches Feedback gibt der Führungskraft die Möglichkeit, sofort einzugreifen, wenn sich bei der Umsetzung Probleme einstellen. Dann bietet sich ein gemeinsamer Kundenbesuch an, der möglichst zeitnah stattfinden sollte.

7. Zusammenfassen / Protokoll (1 Minute)

Nun wird das Gespräch noch zusammengefasst. Die Führungskraft fragt den Mitarbeiter:

„Was haben wir nun besprochen und vereinbart?"

Während der Mitarbeiter spricht, schreibt die Führungskraft in Stichworten auf dem Protokollblatt mit. Es ist wichtig, das der Mitarbeiter die Zusammenfassung selbst spricht, damit sichergestellt ist, dass er alles verstanden hat und mitträgt. Am Schluss des Gespräches wird das Protokoll von beiden unterschrieben und eine Kopie für den Mitarbeiter angefertigt.

Dieser Gesprächsablauf eignet sich für alle Führungsgespräche, in denen ein Entwicklungsthema angesprochen werden soll. Das Schema ist immer dasselbe. Geeignete Einstiegsfragen für das von der Führungskraft ausgewählte Thema bietet der folgende Abschnitt.

Themen und Fragen im Führungsprozess

Im Folgenden werden nun die häufigsten Themen der Entwicklungsgespräche und bewährte Fragen aufgelistet, die helfen, das jeweilige Thema treffsicher anzusprechen. Unsere Führungskräfte sind aufgefordert, die folgenden Fragen zu beherrschen. Außerdem werden die Führungskräfte gebeten, die Liste der Themen und der gestellten Fragen immer wieder zu ergänzen und dem Erfahrungsschatz des Unternehmens zur Verfügung zu stellen. Folgende Beispiele sind derzeit aktuell:

Der Verkäufer kann sich mit einem neuen Produkt nicht anfreunden:
„Was sind aus Ihrer Sicht die Vorteile des neuen Produktes?"
„Was glauben Sie, für welche Kunden das neue Produkt optimal passt?"

Der Verkäufer ist in der Summe gut, verkauft aber kaum Rentenvorsorgen:
„Wer ist verantwortlich dafür, dass Ihre Kunden in der Rente keine Sorgen haben?"
„Wo kaufen Ihre Kunden ihre Riesterrente?"

Der Verkäufer ist in bestimmten Sparten gut, macht aber kaum Cross-Selling:
„Welche Vorteile haben Sie, wenn Ihre Kunden mehrere Sparten bei Ihnen kaufen?"
„Mit welchen Worten leiten Sie auf eine andere Sparte über?"

Der Verkäufer arbeitet gut im eigenen Kundenbestand, bringt aber kaum Neukunden:
„Mit welchen Worten sprechen Sie die Empfehlung an?"
„Wie wichtig ist für Sie die Neukundengewinnung?"

Der Verkäufer erfüllt seine Ziele, hätte aber mehr Potenzial:
„Was muss passieren, damit Sie Ihr Potenzial voll ausschöpfen?"
„Wie würden Sie als Chef mit einem Mitarbeiter umgehen, der seine Potenziale nicht nützt?"

Der Verkäufer ist seit einiger Zeit in einem Formtief:
„Wann ist Ihnen aufgefallen, dass Sie in einem Formtief stecken?"
„Was haben Sie in Ihren erfolgreichen Zeiten anders gemacht?"

Der Verkäufer hat fast jede Woche zu wenige Termine:
„Wie viele Termine in der Woche benötigen Sie, um die vereinbarten Ziele zu erreichen?"
„Wie viele Termine hatten Sie letzte Woche?"

Der Verkäufer wehrt sich gegen Controlling-Maßnahmen:
„Wie könnte ein Controlling aussehen, das Ihnen etwas bringt?"
„Welchen Vorteil haben Controlling-Maßnahmen für Ihre Entwicklung als Verkäufer?"

Der Verkäufer wendet für seinen Job zu wenig Zeit auf:
„Wie viele Stunden in der Woche arbeiten Sie für dieses Unternehmen?"
„Wie viele Verkaufstermine pro Woche planen Sie?"

Der Verkäufer hat eine Vereinbarung nicht eingehalten:
„Wie sollte ich Ihrer Meinung nach darauf reagieren, wenn zwischen uns getroffene Vereinbarungen nicht eingehalten werden?"
„Was glauben Sie, wie lange ich mit jemandem zusammenarbeiten will, der getroffene Vereinbarungen nicht einhält?"

Der Verkäufer ist gut in der Beratung, aber weniger gut im Abschluss:
„Woran erkennen Sie, dass der Kunde reif für den Abschluss ist?"
„Wie leiten Sie den Abschluss ein?"

Der Verkäufer hat nach guten Phasen immer wieder längere Leerläufe:
„Welchen Vorteil sehen Sie in kontinuierlicher Arbeit?"
„Wissen Sie, wie viel Geld Sie im Jahr durch ‚Leerläufe' liegen lassen?"

Der Verkäufer wehrt sich gegen die Anwendung des KBB:
„Wie stellen Sie sicher, dass Ihre Kunden alle staatlichen Förderungen nutzen können?"
„Wie hilft Ihnen der KBB bei der Erreichung Ihrer Ziele?"

Der Verkäufer spricht die Empfehlung nicht an:
„Mit welchen Worten sprechen Sie die Empfehlung an?"
„Was halten Sie davon, Ihren Kundenbestand auszubauen?"

Der Verkäufer hat sein Jahresziel schon Ende Oktober erreicht und gibt sich damit zufrieden:
„Was kann ich von Ihnen bis Jahresende noch erwarten?"
„Was wollen Sie in diesem Jahr noch verdienen?"

Der Verkäufer redet im Verkaufsgespräch zu viel:
„Wie schätzen Sie den Redeanteil in Ihren Verkaufsgesprächen ein?"
„Wie erfahren Sie, was der Kunde will?"

Der Verkäufer wehrt sich gegen die Begleitung der Führungskraft zum Kunden:
„Wie muss ein gemeinsamer Kundenbesuch verlaufen, damit Sie davon profitieren?"
„Wann gehen wir das nächste Mal gemeinsam zum Kunden?"

Team-Meeting

Alle Meetings in unserer Vertriebsorganisation sind straff organisiert. Der Verantwortliche eines Meetings ist sich immer bewusst, dass die Zeit der Teilnehmer ein wertvolles Gut ist, und er geht sorgsam damit um.

Alle Meetings bestehen wenigstens zur Hälfte aus praktischen Übungen, deren Inhalte sofort in die Praxis umgesetzt werden können. Jedes Meeting beginnt mit dem Abfragen von Verkaufstechnik. Der Moderator stellt Aufgaben, die er die Teilnehmer reihum beantworten lässt. Die Inhalte dieser Aufgaben sind die Einstiegssätze am Telefon, die W-Fragen im Verkaufsprozess, der Umgang den mit Einwänden der Kunden und der Einstieg in die einzelnen Phasen des Verkaufsgesprächs. Das wird solange geübt, bis die wichtigsten Bausteine unserer Verkaufstechnik abgefragt worden sind, was erfahrungsgemäß etwa 10 Minuten dauert.

Nach jedem Meeting stellt sich der Verantwortliche gewissenhaft die Frage, ob denn die Teilnehmer nach dem Meeting verkäuferisch mehr können als vorher.

1. Meeting „*Sales-Ordnung*"

Wir haben die *Sales-Ordnung* für unser Unternehmen festgelegt und wissen, dass es Zeit und kontinuierlicher Arbeit bedarf, damit diese nicht nur auf dem Papier steht, sondern auch mit Leben gefüllt wird.

Bei der Aufnahme von neuen Mitarbeitern wird die *Sales-Ordnung* als verbindliche Grundlage des Miteinanders festgelegt. Auch den Mitarbeitern, die dem Unternehmen schon eine Weile angehören, muss der Sinn dieser Ordnung immer wieder in Erinnerung gerufen werden. Wir legen deshalb fest, dass das Meeting „*Sales-Ordnung*" an jedem letzten Freitag des Quartals von 14:00 bis 15:30 durchgeführt wird.

Die Moderation des Meetings übernimmt der Verkaufsleiter. Der zuständige Gebietsleiter besucht diese Meetings jedes Mal in einer anderen Region und unterstützt den Verkaufsleiter in der Durchführung.

Der Moderator legt Wert darauf, dass sich alle Mitarbeiter aktiv am Workshop beteiligen, und spricht diejenigen, die sich kaum einbringen, an. Er fördert die Diskussion und den Austausch von Erfahrungen und schreibt interessante Stichworte auf das Flipchart. Seine Rolle in diesem Workshop besteht stärker im Fragenstellen und Impulsgeben als im Fordern.

Folgende Fragen haben sich bewährt:

- „Was sind die wichtigsten Punkte der Ordnung?"

- „Was glauben Sie war der Grund, dass unser Unternehmen die Sales-Ordnung eingeführt hat?"

- „Welche Vorteile bringt uns ein geordnetes Vorgehen?"

- „Welche konkreten Erfahrungen haben wir bisher damit gemacht?"

- „Was hat sich schon bewährt?"

- „Was klappt noch nicht so gut?"

- „Was muss passieren, damit die Ordnung für uns selbstverständlich wird?"

- „Welche Erwartungen gibt es gegenüber der Führungskraft bei der Umsetzung der Ordnung?"

Das Ziel des Meetings ist erreicht, wenn die *Sales-Ordnung* ein Stück tiefer in den Herzen der Verkäufer verankert wurde. Als Führungskraft sollte man bedenken, dass der Prozess der Festigung einer solchen Ordnung nie ganz abgeschlossen sein wird, und dass man immer wieder neu gefordert ist, den Mitarbeitern Sinn und Vorteile der *Sales-Ordnung* zu „verkaufen". Dies wird dann besonders gut gelingen, wenn den Mitarbeitern das Gefühl vermittelt werden kann, dass die Ordnung nicht eingeführt worden ist, um die Mitarbeiter zu quälen, sondern um deren Entwicklung zu fördern. Außerdem muss auch immer bedacht und angesprochen werden, dass die Menschlichkeit immer wieder Ausnahmen von der Ordnung erfordert, ohne jedoch das Ganze in Frage zu stellen.

2. Regelmäßige Meetings

Regelmäßige Sales-Meetings finden mit dem Verkaufsleiter und allen seinen Mitarbeitern immer am Montag, Mittwoch und Freitag von 08:30 bis 10:00 Uhr statt.

Folgende Punkte gehören auf die Tagesordnung:

- Abfrage der Inhalte der Vertriebstechnik (10 Minuten)

- Aktuelle Themen (15 Minuten)

- Analyse der Terminsituation der laufenden Woche (15 Minuten)

- Praktische Übungen nach Schwerpunkten (40 Minuten)
  - Erfahrungen aus Kundengesprächen und deren Analyse
  - Auswertung von Informationen aus ausgewählten Kundenbefragungsbögen
  - Telefonische Terminvereinbarung
  - Phasen des Verkaufsgespräches

- Terminabsprachen, Vereinbarungen (10)

Die regelmäßigen Meetings haben auch dann stattzufinden, wenn der Verkaufsleiter nicht anwesend ist. Der Verkaufsleiter bestimmt zu diesem Zweck einen *Seniorverkäufer* aus dem Team, der die Meetings in seiner Abwesenheit moderiert. Der Seniorverkäufer ist in der Zeit der Abwesenheit des Verkaufsleiters in allen Belangen der erste Ansprechpartner für die Mitarbeiter.

Die Ordnung für die Aufnahme von neuen Mitarbeitern

Suche neuer Mitarbeiter

Unser Unternehmen ist bestrebt, seine Vertriebskraft stetig zu vergrößern. Alle Führungskräfte und Verkäufer unseres Unternehmens sind aufgefordert, sich aktiv an dem Ausbau unserer Vertriebsmannschaft zu beteiligen. Es ist aber genau zu prüfen, ob die Einarbeitung, Führung und Förderung eines neuen Mitarbeiters garantiert werden kann, bevor ein aktiver Suchprozess beginnt. Unser Unternehmen legt großen Wert darauf, dass Menschen bei uns das finden, was wir ihnen versprechen. Die Führungskräfte sind verantwortlich dafür, die Rahmenbedingungen zu schaffen, dass einen neuen Mitarbeiter spannende, erfolgreiche und entwicklungsorientierte Jahre erwarten.

Potenzielle Kandidaten können praktisch überall gefunden werden. Wann immer die Führungskraft selbst zum Einkaufen geht, sollte sie auf die Qualität des Verkaufsgespräches achten. Wenn sie auf einen Verkäufer trifft, der mit Herz und Freude bei der Sache ist und im Verkaufsgespräch gute Fragen stellt, dann ist diese Person für unser Unternehmen prinzipiell interessant, unabhängig von der Branche, in der sie als Verkäufer arbeitet. Bewerber, die nicht aus der Branche kommen, sind sogar leichter zu formen. Kandidaten aus der Branche, die sich bei ihrem derzeitigen Unternehmen nicht wohl fühlen, sind uns natürlich auch sehr willkommen. In solchen Fällen ist allerdings genau zu analysieren, warum der Kandidat das Unternehmen wechseln will. Wenn er glaubt, dass die Entwicklungsmöglichkeiten in seinem bisherigen Unternehmen eingeschränkt waren und die Führungsprozesse ungeordnet, dann wird er bei uns finden, wonach er sucht. Es ist genau zu analysieren, ob er bereit ist, sich für die Ordnung unseres Hauses zu öffnen und sich auf einen Führungsprozess mit dem Verkaufsleiter einzulassen.

Verkäufer unseres Unternehmens werden gebeten, in den Kundengesprächen darauf zu achten, ob der Kunde Interesse am Verkaufsberuf zeigt. In diesem Fall wird der Verkäufer den Kontakt mit seiner Führungskraft herstellen. Die Führungskraft führt eine Liste mit potenziellen Kandidaten, die ständig aktualisiert und erweitert wird.

Die Direktansprache von potenziellen Kandidaten ist also in unserem Unternehmen die Hauptaktivität bei der Suche neuer Mitarbeiter. Wir haben mit anderen Methoden sehr viel Erfahrung gesammelt und festgestellt, dass diese viel Aufwand und Kosten erfordern, aber kaum den gewünschten Erfolg bringen. Insbesondere sind an dieser Stelle Inserate zu erwähnen, die entweder kaum Interesse auslösen oder aber die Bewerbung ungeeigneter Kandidaten zur Folge haben, deren Kennenlernen das Zeitbudget der Führungskräfte unnötig belastete. Für die Direktansprache potenzieller Kandidaten haben sich folgende Texte bewährt:

Ansprache in einem selbst erlebten Verkaufsgespräch:
„Wissen Sie eigentlich, dass Sie sehr gute Fragen stellen? Wollen wir uns einmal darüber unterhalten, wie Sie mehr aus diesem Talent machen könnten? Ich darf mich zuerst einmal vorstellen: Ich bin die regionale Führungskraft der Best Service AG."

Ansprache in einem Privatgespräch:
„Sie sind wohl ein sehr kommunikativer Mensch. Ich bin als regionale Führungskraft der Best Service AG gerade dabei, mein Team auszubauen. Wollen wir einmal darüber reden?"

Ansprache im Kundengespräch:
„Herr Kunde, Sie vermitteln mir den Eindruck, dass Sie meine Tätigkeit interessiert. Wir suchen für unser Team Verstärkung. Wollen wir darüber ein Gespräch führen?"

Wenn wir den Kunden bitten wollen, sich zu überlegen, ob aus seinem Bekannten- oder Freundeskreis jemand Interesse für den Beruf des Verkäufers haben könnte, kann die Frage folgendermaßen lauten:
„Herr Kunde, wir sind gerade dabei, in diesem Gebiet unser Team auszubauen. Wen kennen Sie, der dafür in Frage kommt?"

Auswahl

Bevor die Führungskraft einen Kandidaten zum ersten Gespräch einlädt, überlegt sie noch einmal reiflich, ob alle Voraussetzungen gegeben sind, um dem Bewerber einen Weg anzubieten, der ihn zum Erfolg führen wird. Wenn der Mitarbeiter in unserem Unternehmen startet, muss die Zeit der

Führungskraft für seine Entwicklung eingeplant sein. Darüber hinaus ist zu klären, ob es ein freies Verkaufsgebiet gibt, das für die Anfangszeit genug Kundenpotenzial bereit hält. Dann ist zu überlegen, wie die Grundausbildung in den Fachbereichen in den von der Zentrale angebotenen Fachkursen zu organisieren ist.

Die Führungskraft ist gehalten, dem Neuen den Weg genauso zu schildern, wie er ihn vorfinden wird. Dazu gehören auch die Mühen und Härten, die ihn erwarten. Dann soll sie ihn bitten, unsere *Sales-Ordnung* zu lesen, die die Grundlage aller weiteren Gesprächsinhalte sein muss. Wenn der Neuling meint, dass der in der Ordnung beschriebene, enge Führungsprozess nicht das ist, was er sucht, dann ist das Gespräch an dieser Stelle zu Ende. Wenn er aber glaubt, diesen Weg gehen zu wollen, dann kann man tiefer in den Prozess des gegenseitigen Kennenlernens einsteigen.

1. Kennenlernen

Das erste Gespräch führt die Führungskraft alleine mit dem Bewerber. Ziel dieses ersten Gespräches ist es, den möglichen Mitarbeiter kennenzulernen und ihm die Aufgabe, die ihn erwartet, vorzustellen. Die Führungskraft ist aufgefordert, den Hauptanteil der Redezeit dem Bewerber zu überlassen und die Richtung des Gespräches durch präzise Fragen vorzugeben. Das Gespräch soll insgesamt 90 Minuten dauern.

Zuerst geht es darum, das private Umfeld des Bewerbers zum Thema zu machen. Ausbildung, Familienstand, Kinder, Hobbys und Vorlieben interessieren uns an dieser Stelle ebenso wie die beruflichen Erfahrungen. Darüber hinaus wollen wir uns in dieser Phase auch ein Bild davon machen, wie der Bewerber mit Struktur und Ordnung umgeht. Die Fragen dazu lauten:

– „Wer sind Sie?"

– „Was sagt Ihr Partner/die Familie dazu, dass wir heute miteinander reden?"

– „Wie ist Ihr beruflicher Werdegang?"

– „Wie sieht Ihre persönliche Ordnung aus?"

Bei der Beschreibung der beruflichen Entwicklung des Bewerbers ist die Führungskraft aufgefordert, genau hinzuhören und Vertiefungsfragen zu stellen, damit ein möglichst genaues Bild entsteht. An Wegkreuzungen der beruflichen Entwicklung des Bewerbers ist genau herauszufinden, was seine Motivation für einen Richtungs- bzw. Unternehmenswechsel gewesen ist.

Nach diesem Block stellt sich die Führungskraft dem Bewerber vor. Sie erzählt aus ihrem privaten Umfeld und legt ihren beruflichen Werdegang dar. Auf Nachfragen des Bewerbers gibt die Führungskraft die gewünschten Auskünfte.

Im nächsten Schritt stellt die Führungskraft die Entwicklung und Eckdaten des Unternehmens und des von ihr geführten Teams vor, ohne dabei zu sehr in Details zu gehen. Bevor wir die konkreten Anforderungen des Unternehmens an unsere potenziellen Verkäufer darstellen, wollen wir wissen, wie sich der Bewerber diese Anforderungen vorstellt. Folgende Fragen passen an dieser Stelle:

- „Was erwarten Sie von diesem Job?"

- „Wie sieht Ihrer Ansicht nach der Tagesablauf eines Verkäufers aus?"

- „Wie viele Stunden in der Woche wollen Sie arbeiten?"

- „Welche Einkommensvorstellung haben Sie?"

- „Was ist Ihrer Ansicht nach das Schönste an diesem Beruf?"

- „Was ist das Schwierigste?"

Die nächsten Fragen dienen der Abklärung, wie der Bewerber allgemein zum Thema Führung steht und ob er bereit ist, sich für einen Führungsprozess zu öffnen. Dies ist eine der wichtigsten Voraussetzungen dafür, dass der Mitarbeiter in unserer Unternehmen passt, und muss vertiefend erörtert werden:

- „Welche Erfahrungen haben Sie mit dem Thema Führung gemacht?"

- „Welche Führungskräfte haben Sie im Laufe Ihres Lebens beeindruckt? Warum?"

- „Wozu braucht ein Verkäufer eine Führungskraft?"

- „Woran erkennt man, dass sich ein Mensch für einen Führungsprozess öffnet?"

– „Was verstehen Sie unter fördern und fordern?"

– „Was erwarten Sie von Ihrer Führungskraft?"

– „Wie gehen Sie mit Vereinbarungen um?"

– „Wie gehen Sie mit Konflikten um?"

– „Wie wichtig ist aus Ihrer Sicht das Controlling im Führungsprozess?"

Wenn die Führungskraft an dieser Stelle des Gespräches insgesamt ein sehr gutes Gefühl hat, dann ist ein erster wichtiger Schritt getan. Nun werden dem Neuling die Anforderungen an diesen Job aus der Sicht der Führungskraft erläutert und Details rund um einen möglichen Eintritt des Bewerbers im Unternehmen abgeklärt. Dann wird dem Bewerber die *Sales-Ordnung* übergeben mit der Bitte, diese vollständig zu lesen und für sich zu entscheiden, ob das die Spielregeln sind, die der Bewerber von nun an zu seinem Leitbild machen will.

2. Praxistest

Jetzt werden die Fähigkeiten des Bewerbers in der Praxis erprobt. Früher wurde die Eignung durch ein Assessment-Center überprüft. Es hat sich aber gezeigt, dass die Ergebnisse dieser Tests nur bedingt auf die verkäuferischen Fähigkeiten eines Teilnehmers schließen lassen und somit den Aufwand an Kosten und Arbeitszeit nicht rechtfertigen. Wir haben uns deshalb für die praktische Erprobung des Bewerbers entschieden.

Wir erwarten uns nicht, dass der Bewerber in allem, was für den erfolgreichen Verkauf wichtig ist, schon perfekt ausgebildet ist. Diese Fähigkeiten wird er im Rahmen unseres Führungs- und Ausbildungssystems erlernen. Bestimmte Fähigkeiten müssen aber mitgebracht werden, um ein erfolgreiches Hineinwachsen in unser Unternehmen zu ermöglichen.

Vor Beginn der praktischen Tests unterschreibt der Bewerber eine Vereinbarung, dass er die Kundendaten, die ihm im Rahmen dieser Aktivität bekannt werden, vertraulich behandeln muss, in keiner Art weiterverwenden darf und nicht an Dritte weitergeben wird.

Test Telefonische Terminvereinbarung

Zur Vorbereitung der Terminvereinbarung sucht der Verkaufsleiter aus der Region, in der der Einsatz des Bewerbers geplant ist, 20 unbetreute Kunden aus. Er erstellt aus diesem Bestand eine Kundenliste mit Telefonnummern. Dann erklärt er dem Bewerber, dass er diese Kunden jetzt anrufen und Termine für ein Gespräch vereinbaren wird, das er gemeinsam mit dem Verkaufsleiter beim Kunden durchführen wird. Er fügt hinzu, dass die Verantwortung für das Kundengespräch beim Verkaufsleiter liegen wird, der Bewerber aber darin eine Rolle wahrnehmen wird, die noch gemeinsam besprochen wird.

Zu den Rahmenbedingungen erklärt die Führungskraft, dass es sich dabei um Kunden handelt, die Verträge bei unserem Unternehmen haben, aber derzeit keinem Betreuer zugeteilt sind.

Im nächsten Schritt wird überlegt, was denn ein Aufhänger für das Gespräch sein könnte, der den Kunden motivieren würden, einen Termin zu vereinbaren. Sobald dieser Aufhänger gefunden worden ist, wird gemeinsam nach einer passenden Telefonansprache gesucht. Diese kann z. B. lauten:

„Grüß Sie, Herr X, mein Name ist … von der Best Service AG. Ich habe von der Zentrale den Auftrag erhalten, Sie zu besuchen, weil wir bei Ihren bestehenden Verträgen Verbesserungen durchführen könnten. Sind Sie nächste Woche am … um … oder am … um …verfügbar?"

Die Ansprache wird aufgeschrieben und trainiert, bis beide das Gefühl haben, dass der Verkäufer damit souverän umgehen kann. Dann wird nach möglichen Entgegnungen des Kunden und entsprechenden Antworten darauf gesucht, die ebenfalls aufgeschrieben werden. Vorschläge dafür haben wir im Abschnitt „Verkaufsgespräch" ausführlich dargestellt.

Nun beginnt das praktische Telefonieren. Es ist darauf zu achten, dass die Tageszeit so gewählt wird, dass möglichst viele Kunden erreicht werden können. Wenn ein Termin vereinbart worden ist, bereitet der Bewerber den Kunden noch darauf vor, dass er einen Spezialisten zum Termin mitbringen wird.

Der Bewerber greift zum Telefonhörer und beginnt, die Kunden anzurufen. Zwischen den Telefonaten werden die Erfahrungen analysiert und diskutiert. Das Ziel ist die Vereinbarung von mindestens zwei Kundenterminen, die unmittelbar hintereinander stattfinden sollen.

Test Verkaufsgespräch

Der Bewerber ist natürlich nicht in der Lage, das gesamte Gespräch selbst zu führen, deswegen übernimmt die Führungskraft die Gesprächsführung, und der Bewerber bekommt drei konkrete Aufgaben, deren Durchführung er mit der Führungskraft vor den Gesprächen intensiv einübt.

1. Aufgabe: Atmosphäre schaffen

   Der Bewerber übernimmt die Begrüßung des Kunden. Er stellt die Führungskraft und sich selbst vor. Er ist für den Smalltalk in der ersten Gesprächsphase verantwortlich.

2. Aufgabe: Überleitung auf den KBB

   Die Aufgabe besteht darin, den richtigen Zeitpunkt zum Beenden des Smalltalks zu finden und auf den KBB überzuleiten. Folgende Formulierung hat sich bewährt:

   „Herr Kunde, nun haben wir ja ein bisschen was von einander erfahren. Wir wollen nun Ihre Wünsche und Absichten für die Zukunft ein bisschen besser kennenlernen, um Sie optimal beraten zu können. Dafür haben wir ein paar Fragen mitgebracht ..."

   An dieser Stelle übernimmt die Führungskraft und geht mit dem Kunden den Bogen durch. Nach der Erhebung vereinbart die Führungskraft einen weiteren Termin mit dem Kunden, in dem auf der Grundlage seiner bisherigen Absicherung und seinen erhobenen Wünsche ein Konzept präsentiert werden wird.

3. Aufgabe: Die Frage nach der Empfehlung

   Vorschläge für die Frage nach der Empfehlung haben wir im Abschnitt „Verkaufsgespräch" ausführlich dargestellt. In dieser Situation bietet es sich an, die Fragen etwas modifiziert anzuwenden. Der Bewerber übernimmt an dieser Stelle noch einmal die Gesprächsführung:

„Herr Kunde, jetzt haben Sie unser Konzept erlebt, mit guten Fragen genau auf die Wünsche unserer Kunden einzugehen: Wie gefällt Ihnen dieser Ansatz? Für wen aus Ihrem Bekanntenkreis wäre diese Art der Beratung auch interessant?"

Nach den Gesprächen nimmt sich die Führungskraft Zeit, den erlebten Ablauf genau zu analysieren. Dabei sollen nicht nur die konkret getroffenen Aussagen analysiert werden, sondern auch die Gefühle, die den Bewerber dabei begleitet haben.

Die Termine mit dem Kunden zur Präsentation des Konzeptes und dem erwarteten Abschluss sind so zu legen, dass der Bewerber wieder dabei sein kann. Das Gespräch führt die Führungskraft, der Bewerber macht sich Notizen zu Ablauf und Inhalt, die nachher gemeinsam analysiert werden. Kommt ein Abschluss zustande, wird die Produktion im Nachhinein dem Bewerber übertragen, sobald er mit der Arbeit im Unternehmen anfängt. Die Provision wird auf das Budget der Führungskraft für Fördermaßnahmen im Verkaufsgebiet gebucht.

3. Entscheidung mit dem Gebietsdirektor

Nun findet ein Gespräch mit dem Bewerber, dem Verkaufsleiter und dem Gebietsdirektor statt. Der Ranghöchste prüft die Absichten und Aussichten des Bewerbers, indem er im Großen und Ganzen dieselben Fragen stellt, die die Führungskraft des Bewerbers im ersten Gespräch gestellt hat.

Der Bewerber wird noch einmal konkret gefragt, ob er sich seine Entscheidung, in unserem Unternehmen anfangen zu wollen, reiflich überlegt hat, und ob er bereit ist, die *Sales-Ordnung* als gültige Spielregel vollinhaltlich zu akzeptieren. Danach führen der Verkaufsleiter und der Gebietsleiter ein abschließendes Analysegespräch und treffen eine Entscheidung, während der Teilnehmer draußen Platz genommen hat. Die beiden Führungskräfte nehmen sich Zeit für eine Analyse des Verhaltens des Bewerbers in den Gesprächen und im Praxistest.

Sie bedenken, dass die Entscheidung, die sie treffen, weitreichende Konsequenzen für den Bewerber *und* für das Unternehmen hat. Danach wird der Bewerber wieder in den Raum gebeten. Ist die Entscheidung positiv ausgefallen, dann wird der Bewerber herzlich als neuer Mitarbeiter begrüßt. Das

Eintrittsdatum wird festgelegt, die Führungskraft veranlasst die Ausfertigung der notwendigen Verträge und klärt die Ausbildungsschritte mit der zentralen Bildungsabteilung ab. Der Verkaufsleiter hat damit den Auftrag angenommen, einen Menschen zu entwickeln und erfolgreich zu machen.

Wenn die Entscheidung negativ ausgefallen ist, werden dem Teilnehmer die Beweggründe ausführlich erläutert. Es ist auf positive Formulierungen zu achten, die mehr die Sonnenseiten des Bildes zeigen, das er abgegeben hat, als dessen Schattenseiten. Der ausschlaggebende Grund ist dennoch deutlich anzusprechen, um dem Bewerber die Möglichkeit zu geben, sich weiterzuentwickeln.

Einarbeitung

Die erste Woche

Das Angebot der zentral organisierten Ausbildung ist so gelegt, dass neue Mitarbeiter ihren Dienst jeweils zum ersten Tag eines Kalendermonats bei uns antreten können. Die Führungskraft hat dafür zu sorgen, dass sie selbst am ersten Tag des Monats für den Neuling zur Verfügung steht. Das Unternehmen wird für den ersten Tag des Kalendermonats keine Veranstaltungen planen, an denen die Anwesenheit der Führungskraft erforderlich ist. Sollte die Führungskraft dennoch aus vorher nicht absehbaren, triftigen Gründen am ersten Tag des Neulings nicht zur Verfügung stehen, ist ein erfahrener Mitarbeiter des Teams zu bestimmen, der sich des Neulings annimmt.

Der erste Ausbildungskurs für den Mitarbeiter beginnt am Montag der ersten ganzen Arbeitswoche seines Eintritts. Je nachdem, wie die Kalendertage in diesem Monat eingeteilt sind, werden bis maximal vier Tage bis zum ersten Kurs zur Verfügung stehen. An diesen Tagen ist der Neuling mit den strukturellen Rahmenbedingungen im Büro vertraut zu machen. Sein Arbeitsplatz ist ihm zuzuteilen und alles Nötige, was ein Verkäufer zur erfolgreichen Durchführung seiner Tätigkeit benötigt.

Die Führungskraft wird gemeinsam mit dem Neuling und den betroffenen Mitarbeitern des Teams dafür sorgen, dass der Neuling schon am Anfang möglichst viele praktische Verkaufsprozesse zu sehen bekommt. Folgende Tätigkeiten bieten sich an:

- Erlernen der in der Sales-Ordnung aufgelisteten Abläufe und Inhalte für die Terminvereinbarung und die Kundengespräche

- Zuhören, wenn Teammitglieder telefonisch Kundentermine vereinbaren

- Begleitung von Teammitgliedern zum Kunden

- Zusehen, wenn Kollegen abgeschlossene Verträge in den Laptop eingeben

- Zusehen, wenn Kollegen Kundenselektionen am Laptop durchführen

- Auflistung potenzieller Kunden aus seinem Bekanntenkreis

- Studium fachlicher Unterlagen

- Mit den neuen Kollegen in Beziehung treten

- Studium der Informationen über die Kunden in dem ihm zugeteilten Kundenbestand

Die zweite Woche

Das *Praxismodul 1* dauert von Montag bis Donnerstag der ersten vollen Arbeitswoche des Neulings. Schwerpunkte der Vermittlung bilden die telefonische Terminvereinbarung und der Aufbau des KBB. Die Erfahrung zeigt, dass die Mitarbeiter nach diesem Modul in der Lage sind, selbstständig Kunden anzurufen und Termine zu vereinbaren sowie Sinn und Aufbau des KBB verstehen und beim Kunden einsetzen können.

Am Freitag kehrt der Neuling wieder ins Büro zurück. Die Führungskraft macht mit ihm gemeinsam eine Rückschau auf die Kurstage und lässt sich berichten, wie denn der Neuling konkret davon profitiert hat. Die Führungskraft hat inzwischen aus dem zugewiesenen Bestand des Neulings 25 Kunden selektiert, die schon länger nicht mehr von einem Betreuer besucht worden sind. Für diese Gespräche wird gemeinsam ein passender Einstiegssatz gefunden, aufgeschrieben und trainiert. Die möglichen Einwände der Kunden, die dem Neuling im Trainingsmodul ausgehändigt worden sind, werden ebenfalls noch einmal angesehen und trainiert. Folgender Einstiegssatz hat sich für die beschriebene Ausgangslage bewährt:

„Grüß Sie, Herr Kunde, mein Name ist Mustermann, Max Mustermann von der Best Service AG. Ich darf Sie ab sofort persönlich betreuen. Ich habe mir gerade Ihre Verträge bei uns angesehen, da sind mir ein paar Verbesserungsvorschläge aufgefallen, die ich Ihnen gerne persönlich zeigen möchte. Nächste Woche bin ich zweimal in Ihrer Nähe. Dienstag so gegen 9:00 Uhr und Donnerstag gegen 17:00 Uhr. Welcher Termin passt Ihnen besser?"

Ab 15:00 Uhr ruft der Neuling im Beisein seiner Führungskraft die ausgewählten Kunden an und vereinbart so viele Termine wie möglich für die kommende Woche. Unsere Erfahrung hat gezeigt, dass innerhalb der nächsten drei Stunden im Schnitt 15 der 25 Kunden erreicht werden können und dass davon 8 bereit sind, einen Termin zu vereinbaren. Diese 8 Termine sind als Anforderung für die erste volle Arbeitswoche ausreichend und sind so zu legen, dass der Freitag frei bleibt für die Erstellung von Konzepten.

Die dritte Woche

Bei den ersten vier Terminen der Woche begleitet die Führungskraft den Neuling zum Kunden. Ziel des Gespräches ist es, die Beziehung zum Kunden herzustellen, seine persönliche Situation mit dem KBB auszuloten und seine Verträge bei anderen Gesellschaften zu analysieren. Der Neuling wird am Ende des Gespräches einen weiteren Gesprächstermin zur Präsentation des Konzeptes vereinbaren und nach der Empfehlung des Kunden fragen.

Die Termine 5 bis 8 dieser Woche führt der Neuling nach demselben Schema alleine durch. Am Freitagvormittag werden die Konzepte für die Präsentation bei den 8 Kunden gemeinsam mit der Führungskraft entwickelt.

Die vierte Woche

Die Führungskraft begleitet den Mitarbeiter erneut zu den ersten vier Terminen. Jetzt sollen die ersten Geschäfte geschrieben werden, weshalb die Führungskraft aufgefordert ist, einzugreifen, wenn sie Abschlusssignale erkennt, die der Neuling nicht wahrgenommen hat.

Die Termine 5 bis 8 nimmt der Neuling wieder alleine wahr. Am Freitag findet wieder eine Besprechung der Termine mit der Führungskraft statt.

Die fünfte Woche

Von Montag bis Donnerstag ist der Neuling im *Praxismodul 2*. Er lernt die wichtigsten fachlichen Inhalte unserer Hauptsparten kennen. Ziel ist, ihn in die Lage zu versetzen, Sparten beim Kunden selbständig anzusprechen und abzuschließen, auch wenn er zu Detailfragen des Kunden noch Rücksprache mit der Führungskraft oder einem arrivierten Mitarbeiter halten muss.

Am Freitag ist er wieder im Büro und führt am Nachmittag selbständig die telefonische Terminvereinbarung durch. Das Minimum an zu erreichenden Terminen beträgt nach wie vor 8.

Die sechste Woche

Der Mitarbeiter gewöhnt sich nun langsam an das Procedere, das wir von arrivierten Verkäufern erwarten. Ab dieser Woche gibt es keine festen Telefonblock mehr, der Mitarbeiter ist angehalten, jeden Tag drei Termine zu vereinbaren, damit in der 7. Woche erstmals 15 Termine stattfinden können. Das tägliche Terminieren der arrivierten Verkäufer hat sich sehr bewährt, weil damit die große Hürde wegfällt, in einem langen Telefonblock unbedingt eine große Anzahl von Terminen vereinbaren zu müssen.

In dieser 6. Woche wird er noch viermal von der Führungskraft zum Kunden begleitet. Am Freitag findet wieder die Nachbesprechung der durchgeführten Termine der Woche statt. Die Grundlage der Analyse der Gespräche bildet der KBB, dessen Aufarbeitung klarmacht, an welcher Stelle des Gespräches noch Möglichkeiten ungenützt blieben.

Außerdem führt der Mitarbeiter ab der 6. Woche handschriftliche Aufzeichnungen seiner Aktivitäten bei jedem einzelnen Kunden der Woche, damit die Führungskraft auf einen Blick erkennen kann, wo sie eingreifen muss.

Die siebte Woche

Das ist nun die erste volle Arbeitswoche des Mitarbeiters, in der 15 Termine durchgeführt und 15 Termine für die nächste Woche vereinbart werden. Zwei der Termine werden von der Führungskraft begleitet.

Die Grundausbildung des Mitarbeiters ist beendet. Es muss nun so weit sein, dass er 15 Termine in der Woche vereinbaren und den überwiegenden

Teil der Gespräche selbstständig durchführen kann. Bis zum Ende der 12. Woche wird die Führungskraft ihn zweimal in der Woche zum Kunden begleiten und einmal pro Woche ein zweistündiges Gespräch zur Analyse seiner Arbeit mit ihm durchführen. In der 13. Woche findet das *Praxismodul 3* statt. Die Kenntnisse des Mitarbeiters werden noch einmal vertieft. Von nun an ist er in seiner Ausbildung so weit fortgeschritten, dass er überwiegend selbständig arbeiten kann und der Führungsprozess nicht mehr so zeitintensiv sein muss. Die Führungskraft wird nur ihre Aktivität darauf hin ausrichten, gemeinsam vertiefende Entwicklungsschritte zu gehen.

Die Ordnung der Arbeitswoche

Die Arbeitswoche der Verkäufer

Der Verkäufer beginnt seinen Arbeitstag um 08:00 Uhr. Bis zu diesem Zeitpunkt findet er sich an seinem Arbeitsplatz im Regionalbüro oder an dem vom Verkaufsleiter geführten Büro des Unternehmens ein. Am Montag, Mittwoch und Freitag treffen sich alle Mitarbeiter um 08:30 zur Team-Sitzung im Büro des Verkaufsgebietes. Die Arbeitstage einer typischen Kalenderwoche enden am Montag und Donnerstag um 20:00 Uhr, am Dienstag und Freitag um 18:00 Uhr und am Mittwoch um 19:00 Uhr.

Die Arbeitswoche des Verkäufers wird mit insgesamt 50 Stunden festgelegt, die so aufzuteilen sind, dass jeden Tag drei Kundentermine stattfinden. Darüber hinaus sind feste Zeiten für die Terminvereinbarung, die Team-Meetings und das persönliche 30-minütige Gespräch mit der Führungskraft einzuplanen.

Wir legen großen Wert darauf, dass der Mitarbeiter sich auch die Zeiten, die er für Ruhepausen, Familie, Freizeit und Hobbys einplant, in den Kalender einträgt, damit diese Aktivitäten auch wirklich stattfinden.

Eine typische Arbeitswoche eines Mitarbeiters im Verkauf geht von Montag bis Freitag und sieht folgendermaßen aus:

Wochenplan der Verkäufer

Montag: AZ*: 11h

08:00-08:30	08:30-10:00	10:00-11:00	11:00-12:00	12:00-13:00	13:00-14:00	14:00-16:00	16:00-18:00	18:00-20:00
Büro	Team	TV**	Konzept	Mittag	Konzept	Kunde 1	Kunde 2	Kunde 3

Dienstag: AZ: 9h

08:00-08:30	08:30-09:00	09:00-11:00	11:00-12:00	12:00-13:00	13:00-15:00	15:00-17:00	17:00-18:00
Büro	Coaching	Kunde 1	Konzept	Mittag	Kunde 2	Kunde 3	TV

Mittwoch: AZ: 10h

08:00-08:30	08:30-10:00	10:00-11:00	11:00-12:00	12:00-13:00	13:00-15:00	15:00-17:00	17:00-19:00
Büro	Team	TV	Konzept	Mittag	Kunde 1	Kunde 2	Kunde 3

Donnerstag: AZ: 11h

08:00-08:30	09:00-11:00	11:00-12:00	12:00-13:00	13:00-15:00	15:00-17:00	17:00-19:00	19:00-20:00
Büro	Kunde 1	Konzept	Mittag	Konzept	Kunde 2	Kunde 3	TV

Freitag: AZ: 9h

08:00-08:30	08:30-10:00	10:00-12:00	12:00-13:00	13:00-15:00	15:00-17:00	17:00-18:00
Büro	Team	Kunde 1	Mittag	Kunde 2	Kunde 3	TV

AZ*= Arbeitszeit
TV**= Terminvereinbarung

Kundentermine: (30 Stunden)

Es hat sich bewährt, die Kundentermine zu festen Zeiten in der Woche zu planen, also nicht nur drei Termine am Tag, sondern drei Termine zu bestimmten Zeiten. Der Vorteil dabei ist, dass der einzelne Verkäufer zu einem bestimmten Termin eine Beziehung bekommt. Dann ist z. B. für Donnerstag nicht nur noch ein Termin zu vereinbaren, sondern der 17:00-Uhr Termin ist noch nicht vergeben.

Wenn Termine zu festen Zeiten stattfinden, kann der Verkaufsleiter auch leichter eine beabsichtigte Begleitung des Mitarbeiters zu Kunden planen. Die Erfahrung in der telefonischen Terminvereinbarung hat außerdem gezeigt, dass die Kunden es schätzen, wenn zwei konkrete Terminvorschläge angeboten werden.

Die Verkaufsgespräche bilden den Höhepunkt im Tag eines Verkäufers. Die meisten der Verkaufsgespräche in unserem Unternehmen werden als Termine beim Kunden wahrgenommen. Der Vorteil besteht vor allem darin, dass das Umfeld des Kunden erlebt werden und sich die Motivforschung direkt daran orientieren kann. Termine mit Kunden im Büro sollten eher die Ausnahme bilden.

Auf der Fahrt zum Kunden stimmt sich der Verkäufer auf die Situation ein und besinnt sich darauf, dass der Kunde der nächsten Stunde ein Recht auf seine volle Aufmerksamkeit hat. Aktuelle Probleme sollten vor der Türe des Kunden abgelegt werden. Gerade bei Neukunden ist der Einstieg in die Kundenbeziehung ganz am Anfang sehr wichtig. Der erste Eindruck ist entscheidend und bildet die Grundlage einer guten Beziehung. Alle Verkaufsgespräche sind mit zwei Stunden angesetzt, was in der Regel inklusive An- und Abfahrt reichen sollte. Bei der Terminierung ist darauf zu achten, dass die Fahrstrecken innerhalb einen Tages möglichst kurz gehalten werden. Der Satz: „Ich bin nächste Woche zweimal in Ihrer Nähe" hat schon so manchen Kunden veranlasst, dem Verkäufer bei der Termingestaltung entgegenzukommen.

Büroarbeit: (3 Stunden)

Damit sind die täglich anfallenden Aktivitäten aus dem Posteingang gemeint. Aber auch die manchmal notwendigen Telefonate mit den zentralen Fachabteilungen zu offenen Geschäftsfällen fallen in diese Zeitfenster. Darüber hinaus sollen in dieser Zeit die aktuellen Infos aus dem Intranet abgerufen und studiert werden. Auch der Blick in die Tageszeitungen kann in dieser Zeit passieren, um den Tag gut informiert zu beginnen.

Team-Meeting: (4,5 Stunden)

Dieses Meeting dient der aktuellen Information über strategische und fachliche Neuerungen in unserem Unternehmen sowie der Übung von Verkaufstechnik und der Bearbeitung von Erfahrungen in den Verkaufsgesprächen. Die Verkäufer sind aufgefordert, ihre Beiträge in dieses Meeting einzubringen, um dadurch zur Entwicklung der Gruppe beizutragen.

Telefonische Terminvereinbarung (TV): (5 Stunden)

Da wir in unserem Unternehmen die Erfahrung gemacht haben, dass es leichter ist, täglich drei Termine zu vereinbaren, anstatt einen großen Block in der Woche zu reservieren, ist jeden Tag Zeit für die Telefonische Terminvereinbarung vorgesehen. Die Verkäufer bereiten sich dafür eine Liste mit einer ausreichenden Anzahl von Kundendaten vor, die im Laufe der Woche abtelefoniert wird. Die Terminvereinbarung wird dann gut gelingen, wenn für die unterschiedlichen Anlässe des Anrufes die entsprechenden Einstiegssätze und die Bearbeitung der zu erwartenden Einwände der Kunden vorbereitet sind.

Konzeptarbeit: (7 Stunden)

In diese Zeit fallen alle notwendigen Arbeiten zur Vor- und Nachbereitung von Kundengesprächen. Vor den Gesprächen wird die Situation des Kunden genau analysiert und überlegt, in welche Richtung die Fragen gehen sollen, die gerade diesem Kunden gestellt werden sollten. Nach den Gesprächen sind die KBBs noch einmal durchzugehen und Abschlüsse auf den Weg in die Fachabteilungen zu bringen. Sollte mit dem Kunden aufgrund der Auswertung der im KBB erhobenen Daten ein Zweitgespräch vereinbart worden sein, so werden die nötigen Daten und Berechnungen dafür in dem Zeitfenster „Konzeptarbeit" erhoben und verarbeitet.

Freizeit: (5 Stunden)

Verkäufer sind aufgefordert, Ruhezeiten einzuplanen, damit sie Überforderungssituationen von vorne herein entgegensteuern. Wir haben jeden Tag eine Mittagspause von einer Stunde dafür vorgesehen, die Wochenenden sind arbeitsfrei. Am Dienstag und am Freitag endet die Arbeitszeit um 18:00 Uhr, somit bleiben die Abende frei für private Aktivitäten.

Fertigstellung des Wochenplans

Jeder Verkäufer erstellt in unserem Online-Terminplaner für jede Arbeitswoche im Voraus seinen genauen Wochenplan, den er der Führungskraft bis Freitag 16:00 Uhr zur Verfügung stellt. Darin sind nicht nur die geplanten Termine der kommenden Woche klar ersichtlich zu machen, sondern sämtliche Aktivitäten zu benennen, die im Laufe der Woche anfallen werden. Der Verkaufsleiter ist aufgefordert, Maßnahmen zu ergreifen, wenn für die kommende Arbeitswoche nicht zumindest zwölf Termine festgelegt sind.

Abänderung des Wochenplans

Grundsätzlich bitten wir, den Wochenarbeitsplan so gut wie möglich einzuhalten. Der Verkaufsberuf kann nur erfolgreich durchgeführt werden, wenn man bereit ist, die notwendige Zeit dafür zu investieren. Die Struktur des Tages hilft, dass der Erfolg nicht zufällig entsteht, sondern geplant wird. Wenn sich aber aufgrund aktueller Ereignisse die Notwendigkeit ergibt, Privates einzuschieben, so ermuntern wir unsere Verkäufer ausdrücklich, davon Gebrauch zu machen. Abweichungen von unserem Wochenplan sollten aber die Ausnahme sein und müssen mit der Führungskraft abgestimmt sein.

Die Arbeitswoche der Verkaufsleiter

Der Verkaufsleiter trifft um 08:00 im Büro ein und beginnt seinen Arbeitstag. Die Arbeitstage einer typischen Kalenderwoche enden am Montag und Donnerstag um 20:00 Uhr, am Dienstag und Freitag um 18:00 Uhr und am Mittwoch um 19:00 Uhr. Die Wochenarbeitszeit beträgt 50 Stunden.

Ebenso wie der Verkäufer ist auch der Verkaufsleiter angehalten, Freizeiten und Erholungszeiten fest einzuplanen.

Ein typischer Wochenplan eines Verkaufsleiters sieht folgendermaßen aus:

TOJ 1* = Training on the Job. Damit ist die Begleitung eines Verkäufers zum

Wochenplan der Verkaufsleiter

Montag:	AZ*: 11h						
08:00-08:30	08:30-10:00	10:00-12:00	12:00-13:00	13:00-14:00	14:00-16:00	16:00-18:00	18:00-20:00
Büro	Team	Konzept	Mittag	Büro	TOJ 1**	TOJ 2	Bewerber
Dienstag:	AZ: 9h						
08:00-08:30	08:30-12:00	12:00-13:00	13:00-15:00	15:00-17:00	17:00-18:00		
Büro	Coaching	Mittag	TOJ 1	TOJ 2	TV***		
Mittwoch:	AZ: 10h						
08:00-08:30	08:30-10:00	10:00-12:00	12:00-13:00	13:00-15:00	15:00-17:00	17:00-19:00	
Büro	Team	Konzept	Mittag	Konzept	TOJ 1	TOJ 2	
Donnerstag:	AZ: 11h						
08:00-08:30	08:30-12:00	12:00-13:00	13:00-15:00	15:00-17:00	17:00-19:00	19:00-20:00	
Büro	Coaching	Mittag	Konzept	TOJ 1	TOJ 2	TV	
Freitag:	AZ: 9h						
08:00-08:30	08:30-10:00	10:00-12:00	12:00-13:00	13:00-15:00	15:00-17:00	17:00-18:00	
Büro	Team	Bewerber	Mittag	TOJ 1	TOJ 2	Büro	

AZ*= Arbeitszeit

TOJ 1** = Training on the Job. Damit ist die Begleitung eines Verkäufers zum Kundengespräch gemeint.

TV*** = Terminvereinbarung

Büro: (4,5 Stunden)

In dieser Zeit werden alle administrativen Tätigkeiten erledigt: Beantwortung von Emails und schriftlicher Post, notwendige Telefonate, Bearbeitung der Daten für das zentrale Controlling. Wir legen großen Wert darauf, dass der administrative Aufwand des Verkaufsleiters auf ein Mindestmaß eingeschränkt wird. Wir fordern die Verkaufsleiter auf zu melden, wenn administrative Abläufe aus ihrer Sicht einfacher zu gestalten sind.

Konzept: (8 Stunden)

Unter Konzeptarbeit verstehen wir die Vorbereitung auf den Ablauf der Team-Meetings und der Coaching-Gespräche. Darüber hinaus steht diese Zeit für die Detailbesprechungen von Geschäftsfällen und zugehörigen Abläufen mit Verkäufern zur Verfügung. In diesen Gesprächen ist darauf zu achten, dass der Verkaufsleiter den Mitarbeiter so führt, dass die Kompetenzen beim Verkäufer, diese und ähnliche Fälle selbstständig zu lösen, entwickelt werden. Folgende Fragen haben sich bewährt:

- „Wie beschreiben Sie den Problemkern?"

- „Welche Lösungsmöglichkeiten sehen Sie?"

- „Welche davon ist Ihrer Ansicht nach die beste?"

- „Wie können Sie diesen Vorschlag umsetzten?"

Team-Meeting: (4,5 Stunden)

Dieses Meeting dient der aktuellen Information über strategische und fachliche Neuerungen in unserem Unternehmen sowie der Übung von Verkaufstechnik und der Bearbeitung von Erfahrungen in den Verkaufsgesprächen. Der Verkaufsleiter achtet darauf, dass mindestens 50 Prozent der Zeit für das Üben praktischer Fähigkeiten der Verkäufer verwendet werden.

Training on the Job (TOJ): (20 Stunden)

Das Training on the Job ist ein Kernpunkt der Entwicklungsmaßnahmen für unsere Mitarbeiter. Neue Mitarbeitern lernen damit das Verkaufen in der Praxis. Aber auch arrivierte Mitarbeiter unseres Hauses werden regelmäßig vom Verkaufsleiter zum Kunden begleitet. Ziel ist, den Entwicklungsstand zu überprüfen, sich darüber auszutauschen und gegebenenfalls weitere Entwicklungsmaßnahmen einzuleiten.

Auf dem Weg zum Kunden wird die Situation, die dort erwartet wird, besprochen und die Richtung des Gespräches erläutert. Der Kunde ist vom Verkäufer schon im Vorfeld darüber informiert worden, dass er seine Führungskraft zum Gespräch mitbringen wird.

Im Kundengespräch führt der Verkäufer grundsätzlich das Gespräch. Der Verkaufsleiter greift aber sanft ein, wenn fachliche Informationen nicht der Richtigkeit entsprechen oder wenn das Gespräch abzugleiten droht.

Während des Gespräches macht sich der Verkaufsleiter Notizen auf unserem Formblatt „Beobachtung der TOJ-Gespräche", das aus unserer Datenbank abgerufen und ausgedruckt werden kann. Dabei geht es um folgende Fragen:

- Wie wird Beziehung hergestellt?

- Wie wird der KBB in das Gespräch eingebracht?

- Wie klappt die Erhebung der Wünsche und Ziele des Kunden?

- Wie werden Lösungen präsentiert?

- Wie wird mit Einwänden des Kunden umgegangen?

- Wie klar wird der Abschluss eingeleitet?

- Wie wird das Cross-Selling angesprochen?

- Wie werden Empfehlungen eingeholt?

- Welche weiteren Schritte werden vereinbart?

- Wie läuft der Ausstieg aus dem Gespräch?

- Welche Schlagzeile passt für das Gespräch?

- Wie groß ist der Redeanteil des Verkäufers?

- Wie viele W-Fragen werden gestellt?

- Welche W-Frage ist die beste?

- Wie gut werden die Pausen nach den Fragen abgewartet?

Nach dem Gespräch nehmen sich Verkaufsleiter und Verkäufer Zeit, das Gespräch anhand der Aufzeichnungen zu analysieren.

Bewerber: (4 Stunden)

In der dafür vorgesehenen Zeit erstellt der Verkaufsleiter eine Liste potenzieller neue Mitarbeiter, die er ständig bei sich führt. Er führt Gespräche mit Bewerbern und ist in seiner Region unterwegs, um Verkäufer im Echtgespräch zu erleben.

Das Thema Bewerber ist einmal pro Woche auch ein Tagesordnungspunkt im Team-Meeting. Der Verkaufsleiter fragt seine Verkäufer, wer von ihren persönlichen Bekannten für unseren Beruf in Frage käme. Er bittet die Verkäufer auch, im Kundengespräch darauf zu achten, ob ggf. ein Kunde Interesse an unserem Beruf hat. Außerdem sind Verkäufer gehalten, Kunden, die nicht zu uns passen, nach Empfehlungen aus ihrem Bekanntenkreis zu fragen. Die Fragen dafür haben wir im Abschnitt „Suche neuer Mitarbeiter" angegeben.

Coaching: (7 Stunden)

Am Dienstag und am Donnerstag stehen dem Verkaufsleiter je 3,5 Stunden für die Durchführung der Einzel-Coachings seiner Mitarbeiter zur Verfügung. Dabei handelt es sich um Kurzgespräche, die einen Entwicklungspunkt beinhalten sollen. Wir haben diesen Gesprächstypus weiter vorn unter dem Titel *„Das 15-Minuten-Zielgespräch"* ausführlich beschrieben. Eine halbe Stunde pro Mitarbeiter steht für diese Gespräche zur Verfügung, sodass alle Verkäufer im Regelfall einmal pro Woche ein persönliches Gespräch mit dem Verkaufsleiter führen. Der Zeitraum ist so angesetzt, dass neben dem Führungsgespräch auch noch etwas Zeit für den persönlichen Austausch bleibt.

Das Protokoll des Zielgespräches landet in der Mappe „Entwicklung der Verkäufer", die der Verkaufsleiter für jeden Verkäufer führt. Der Verkäufer selbst erhält eine Kopie.

In dieses Zeitfenster fällt auch das *Planungsgespräch* mit den Mitarbeitern, das einmal im Quartal stattfindet. Die Termine dieser Gespräche sind zu planen und bekanntzugeben.

Telefonische Terminvereinbarung (2 Stunden):

Zu den im Wochenplan des Verkaufsleiters angegebenen Zeiten „Terminvereinbarung" (TV) ist er im Büro und begleitet ausgewählte Mitarbeiter bei der Terminvereinbarung. Grundsätzlich können sich alle Mitarbeiter im Büro einfinden und telefonieren. Für jene Mitarbeiter, die die erforderlichen Termine erfahrungsgemäß nicht erreichen, ist dieser Termin Pflicht. Der Verkaufsleiter trifft die entsprechende Auswahl.

Die Mitarbeiter haben schon vor diesen TV-Terminen ihre Kunden selektiert. Sie haben die Einstiegssätze parat sowie mögliche Lösungen für Einwände der Kunden. Damit kann rasch in den praktischen Prozess der Terminierung eingestiegen werden.

Der Verkaufsleiter geht von einem zum andern, hört zu, macht sich Notizen und gibt Feedback. Seine Erfahrungen und Notizen nimmt er zur Grundlage eines Telefontrainings in einem der nächsten Team-Meetings.

Änderungen

Dieser Zeitplan hat sich für eine „typische" Arbeitswoche der Verkaufsleiter bewährt. Manchmal sind aufgrund von aktuellen Erfordernissen Änderungen vorzunehmen. Die Einarbeitung eines neuen Mitarbeiters passt z. B. nicht ganz in das Schema der „typischen" Arbeitswoche.

Wichtig ist, dass der Verkaufsleiter notwendige Änderungen bekanntgibt, damit die Mitarbeiter wissen, wann er ihnen im Laufe einer Arbeitswoche zur Verfügung steht.

Wettbewerbe

Zahlreiche Wettbewerbe im Vertrieb haben uns lange Zeit durch das Vertriebsjahr begleitet. Das ganze Jahr über gab es immer zahlreiche Anreize, um zu einem bestimmten Zeitpunkt den Umsatz in bestimmten Sparten zu fördern. Die Erfahrungen haben uns gezeigt, dass die Mitarbeiter damit nicht zu strukturierter Arbeit angehalten worden sind, sondern ihre Aktivitäten zu sehr auf die Inhalte der Wettbewerbe ausgerichtet haben.

So mussten wir einsehen, dass wir mit Wettbewerben nur künstliche Spitzen erzeugen, die nicht die wahre Leistungsfähigkeit des Vertriebes abbilden. Nach den Wettbewerben sind die Verkaufszahlen immer deutlich abgerutscht, weil die Verkäufer sich verausgabt hatten. Es dauerte dann einige Zeit, bis wieder ein zufriedenstellendes Niveau erreicht wurde.

Wir haben uns deshalb dafür entschieden, den Vertrieb in Zukunft nicht mehr durch zahlreiche Wettbewerbe, sondern durch regelmäßige strukturierte Arbeit zum Erfolg zu führen. Wir verzichten damit freiwillig auf Spitzen in der Produktion, erreichen aber in Summe trotzdem bessere Ergebnisse, wenn das ganze Jahr über kontinuierlich gearbeitet wird. Wir haben nun die Prozesse im Unternehmen geordnet und erwarten uns durch die drei beabsichtigten Verkaufsgespräche am Tag während des Jahres eine im Großen und Ganzen gleichbleibende „Flughöhe".

Die Jahresbonifikation, die dem Mitarbeiter zusteht, wenn er alle vereinbarten Ziele in einem Kalenderjahr erreicht hat, wird weiterhin aufrechterhalten. Darüber hinaus verfügen die Verkaufsleiter ab sofort über Budgets, aus denen sie kleine Incentives finanzieren können, wenn ein Mitarbeiter oder das gesamte Team eine besonders bemerkenswerte Leistung erbracht hat.

Darüber hinaus findet eine jährliche Veranstaltung für die Mitarbeiter des gesamten Verkaufsgebietes eines Gebietsdirektors statt. Diese Veranstaltung soll in einem schönen Rahmen stattfinden, dem Austausch miteinander dienen und das „Wir-Gefühl" fördern.

Controlling

Das Controlling ist ein fixer Bestandteil unserer Vertriebsprozesse. Die Auswertung der Vertriebsergebnisse werden von der Abteilung Vertriebscontrolling automatisch erfasst und stehen allen Vertriebsführungskräften online in unserem Intranet zur Verfügung. Darin sind die verbuchten Geschäfte ersichtlich, aber auch die Anzahl der durchgeführten Termine, die Anzahl der Befragungen mit dem KBB und die Anzahl der generierten Empfehlungen.

Neben der zahlenmäßigen Erfassung der Vertriebsergebnisse ist es uns sehr wichtig, die Qualität der Arbeit als Grundlage für die Entwicklungsgespräche aufzuzeichnen. Die Verkäufer erstellen dafür folgende Unterlagen:

Die erfolgreiche Arbeitswoche			
Vertriebspartner:			
Arbeitswoche von:		*bis:*	
Arbeitstage:			
Nr.	Kunde	KBB	Abschlüsse
1			
2			
3			
4			
5			
6			
7			
8			
9			
10			
11			
12			
13			
14			
15			
Abschlüsse:			
Spezialprodukte:			
Empfehlungen:			
Provision:			

Ausfüllhilfe

Kunde: Vor- und Zuname des Kunden

KBB: Durchgeführt = Ja; nicht durchgeführt = Nein; vor Kurzem durchgeführt = FT (Folgetermin)

Abschlüsse: Alle abgeschlossenen Produkte werden in Abkürzung angeführt.

Empfehlung: Erhalten = Name des Empfohlenen; Nicht gefragt = Nein; Gefragt, aber keine Empfehlung erhalten: Ja / Nein

Letzte Zeile: Hier werden die Abschlüsse und Empfehlungen der Woche in Stück eingetragen. Die zu erwartende Provision kann nur geschätzt werden, sollte aber als wichtiges Steuerelement auf jeden Fall eingetragen werden. Das Spezialprodukt bezeichnet ein in einem bestimmten Zeitraum besonders gefördertes Produkt.

Diese Auflistung dient der Qualitätssicherung der Kundengespräche. Festgehalten wird der Name des besuchten Kunden, der Einsatz des KBB, die Abschlüsse und das Empfehlungsmarketing. Diese Listen werden vom Verkäufer online ausgefüllt, damit sie in die Auswertungen einfließen können. Die Wochenblätter sind vom Verkäufer aber auch in ausgedruckter Form zu den Führungsgesprächen mitzubringen, damit sich die Führungskraft rasch einen Überblick über die Arbeitsqualität des Verkäufers machen und konkrete Nachfragen stellen kann.

Best Practice

Wir stellen diesen Punkt an den Schluss der *Sales-Ordnung*. Nicht weil uns dieser Punkt nicht so wichtig wäre, ganz im Gegenteil: Best Practice ist der Gradmesser, welcher Wert und Sinn der *Sales-Ordnung* als praktischer Hilfe bei der Umsetzung unserer Vorhaben zukommt. Best Practice erprobt jeden Tag in der Praxis die Sinnhaftigkeit der *Sales-Ordnung* und leitet Veränderungen ein, um den Herausforderungen der Zukunft adäquat begegnen zu können.

In den letzten Jahren haben wir die Erfahrung gemacht, dass in den Regionen immer wieder ganz spezifische Dinge erprobt wurden, die sich im Laufe der Zeit für den Vertriebsalltag als hilfreich herausgestellt haben. Das waren zum Beispiel veränderte Leitsätze für die Telefonische Terminvereinbarung, neue Ideen für den Umgang mit den Einwänden der Kunden, alternative Fragen bei der Durchführung des KBB und ähnliches. Meist sind diese Erkenntnisse aber in der Region geblieben und nicht dem gesamten Vertrieb zugänglich gemacht worden.

Wir wollen in Zukunft sicherstellen, dass der gesamte Vertrieb des Hauses von solchen positiven Erfahrungen profitieren kann. Die Verkaufsleiter werden gebeten, an den Meetings der Verkaufsleiter mit dem Gebietsleiter davon zu berichten und gemeinsam darüber zu befinden, ob diese innovativen Handlungsweisen für die gesamte Vertriebsmannschaft eine Hilfe darstellen könnten. Die Gebietsleiter werden in einem solchen Fall Veranlassungen treffen, die bis zu einer Veränderung einzelner Punkte der *Sales-Ordnung* führen können.

So stellen wir sicher, dass das Gute festgeschrieben und veröffentlicht wird, damit es von allen Verkäufern und Führungskräften im Vertrieb eingesetzt werden kann. Die *Sales-Ordnung* bleibt dabei das verbindliche Ordnungsmuster für das Handeln im Vertrieb, wird aber im Zusammenspiel mit den praktischen Erfahrungen der Menschen vor Ort immer wieder adaptiert.

7. Kapitel: Am Hauptsitz der Benediktiner

Die Annäherung

Ich saß mit dem Vertriebsvorstand einer großen Versicherung zusammen. Wir hatten über die Notwendigkeit gesprochen, den Vertrieb auf geordnete Strukturen zu stellen, um in den zunehmend schwieriger werdenden Zeiten erfolgreich zu sein.

Ich erzählte ihm von meiner Arbeit mit der Benediktsregel und konnte sein Interesse wecken, mehr zu diesem Ansatz zu erfahren. Je tiefer wir in das Thema einstiegen, desto mehr Gefallen fand er an der „genialen Idee", eine altbewährte Ordnung auf moderne Unternehmen zu übertragen. Dann überraschte er mich mit der Frage: „Was sagen denn die Benediktiner dazu, dass Sie mit der Benediktsregel arbeiten?" Diese Frage hatte ich mir so noch gar nicht gestellt. Ich war noch nicht auf die Idee gekommen, mir den offiziellen „Segen" des Ordens abzuholen. Das wollte ich nun nachholen und so begann ich mit der Recherche.

Ich fand heraus, dass es eine Dachorganisation des Ordens gibt, die benediktinische Konföderation, die ihren Hauptsitz im Kloster Sant'Anselmo in Rom hat. Dort sitzt auch der Abtprimas mit seinem Stab, der als Sprecher der Konföderation den Orden in allen Angelegenheiten nach außen vertritt. Der Abtprimas wird von der Vollversammlung der Äbte beim Kongress in Sant'Anselmo gewählt, zunächst auf 8 Jahre, dann kann die Amtszeit um jeweils vier weitere Jahre verlängert werden. Wenn ich also mit der Führungsspitze des Ordens ins Gespräch kommen wollte, dann musste ich den Kontakt zum Abtprimas suchen.

Bald kannte ich den Namen des Mannes, den ich kennenlernen wollte: Dr. Notker Wolf, seit dem Jahr 2000 Abtprimas des Ordens. Im Laufe der weiteren Recherchen entstand das Bild einer hochinteressanten Persönlichkeit mit sehr unterschiedlichen Facetten. Neben seiner Aufgabe, den größten Orden der Welt zu koordinieren, findet Notker Wolf Zeit, Musik zu machen: Er spielt Gitarre und Querflöte und tritt immer wieder mit einer Band auf. Außerdem ist er Bestsellerautor von Büchern, die zum einen praktische Lebensweisheiten beinhalten und zum anderen der Gesellschaft einen klaren Spiegel vorhalten. Notker Wolf ist auch in Talkshows im Fernsehen zu sehen und tritt auf Kongressen als Redner auf.

Zunächst schickte ich ihm mein Buch „Führen und verkaufen mit der Kraft der Ordnung", und die positive Reaktion ließ nicht lange auf sich warten. Daraus entstand ein interessanter Austausch per Email. Schließlich wurde der Abtprimas neugierig auf mich und lud mich ein, für ein paar Tage nach Sant'Anselmo zu kommen.

Die Vertiefung

Rom, im Juli 2012

Die Maschine befindet sich im Anflug auf den Flughafen Rom Fiumicino. Ich sitze am Fenster. Mein Blick richtet sich auf die Ausläufer des Apennins und die Stadt, die sich am Fuße der Berge ausbreitet. Trotz der großen Entfernung ist ihre Pracht zu erahnen. Die Maschine setzt sanft auf dem Rollfeld auf. Ich habe das Gefühl, eine bedeutungsvolle Landung zu erleben.

Vom Flughafen aus nehme ich den Zug in die Stadt und dann vom Bahnhof aus ein Taxi. Der Weg hinauf auf den Aventin, dem südlichsten der sieben Hügel Roms, ist eingesäumt von prächtigen, alten, aber gut gepflegten Villen. Endlich kommen wir am Kloster an. Der Abtprimas hat mir seine private Telefonnummer gegeben, für den Fall, dass ich am Außentor niemanden antreffen würde. Das Tor ist offen, also gehe ich in den Innenhof, stelle meinen Koffer ab und schaue mich um.

Mitten im Hof entdeckte ich eine lebensgroße Statue des Benedikt von Nursia. Ich setze mich hin, betrachte die Statue und das Häusermeer der Stadt, das durch die Öffnungen im Innenhof erkennbar ist. Ich sitze einfach nur da und habe das Gefühl, dass ich in diesem Augenblick die Zeit anhalten kann. Der Stress des Alltags ist plötzlich ganz weit entfernt. Ich lasse mich auf die Situation voll und ganz ein und gehe im Geiste Stationen des Lebenswegs des heiligen Benedikt durch. Ich fühle mich verstanden, angekommen und angenommen. Die Glocke der Klosterkirche läutet zur vollen Stunde und reißt mich aus meinen Träumen.

Ich greife zum Handy und rufe den Abtprimas an, und wenige Minuten später steht er vor mir. Ich bin beeindruckt von seiner Ausstrahlung. Wir finden sofort guten Kontakt zueinander. Der Primas führt mich hinein und zeigt mir zuerst die Einrichtungen des Klosters, in denen ich mich in den nächsten Tagen aufhalten werde: Kirche, Speisesaal und Bibliothek. Dann führt er mich in mein Zimmer im ersten Stock des Hauses. Dort liegt ein Zettel mit dem Tagesablauf im Kloster, nach dem ich mich in den nächsten Tagen richten kann. Wir tauschen uns noch ein bisschen aus. Dann bin ich allein im Zimmer.

Als ich durch das Fenster hinausblicke, wird mir klar, warum der Aventin als der schönste Hügel von Rom bezeichnet wird. Die Aussicht reicht über die ganze Stadt. Mein Zimmer geht nach Westen, sodass ich den Petersdom auf der anderen Seite des Tiber im Blickfeld habe. Das Zimmer ist sehr klein, aber ich habe alles, was ich benötige: ein Bett, einen Schreibtisch, einen Schrank und ein Waschbecken. Ein Krug mit Wasser aus der klostereigenen Quelle steht auf dem Schreibtisch, daneben ein Glas. Alles ist schlicht, aber liebevoll eingerichtet. Ich lege mich auf das schmale Bett, ich will nichts anderes, als diesen Augenblick genießen.

Um 19 Uhr findet die Abendandacht (Vesper) in der Klosterkirche statt. Ich gehe dorthin und weiß vorerst nicht, wo ich mich hinsetzten soll. Der Prior des Klosters kommt auf mich zu und weist mir einen für Gäste reservierten Platz im Chorgestühl zu. Ich finde ein kleines Büchlein auf meinen Platz, das die wichtigsten Passagen der heiligen Messe in mehreren Sprachen enthält. Der Ablauf und die Vespertexte dieses Abends sind als Extrablatt eingelegt. Die Vesper findet auf Italienisch statt, ich bemühe mich mitzusingen und mitzubeten, so gut es eben geht.

Nach der Vesper gibt es Abendessen. Die meisten sind schon im Speisesaal, als ich als einer der letzten dort eintreffe. Der Abtprimas wartet vor der Tür und führt mich zu meinem Platz ihm direkt gegenüber. Ich verspüre in diesem Augenblick das Gefühl großer Wertschätzung. Während des Essens führen wir ein sehr angenehmes Gespräch.

In Sant'Anselmo befindet sich eine Universität für Philosophie und Religion. Mönche aus den Klöstern rund um den Globus werden von ihren Äbten in dieses Haus zum Studium geschickt. Im Juli sind zwar Sommerferien, aber einige Brüder verbringen diese Ferien in Sant'Anselmo. Nach dem Essen sitze ich noch mit den Mönchen aus allen Erdteilen zusammen. Es ist ein erhebendes Gefühl, die ganze Welt um sich zu haben. Die offizielle Sprache des Klosters ist Italienisch, mit Englisch kommt man aber auch ganz gut voran, manche der jungen Menschen sprechen sogar ein bisschen Deutsch. Im Notfall werden die Handys gezückt und der Google-Translator zu Rate gezogen. Wir sitzen noch lange zusammen und erleben einen vergnüglichen Abend.

In dieser Nacht finde ich keinen Schlaf. Meine Gedanken kreisen um meinen Lebensweg, der mich schließlich in dieses Zimmer geführt hat. Der Sinn vieler Stationen in meinem Leben wird mir klar. Ich erkenne die Abfolge von scheinbar lose aneinandergereihten Ereignissen als Bausteine eines Mosaiks, die sich nun langsam zu einem Bild zusammensetzen. Ich bin erstaunt und ergriffen zugleich, wie sich alles zusammenfügt. Im Morgengrauen schlafe ich dann aber doch ein.

Der zweite Tag beginnt mit dem Morgenlob (Laudes) und der Frühmesse. Ich lausche den eindrucksvollen Gesängen der Mönche. Die Messe wird diesmal auf lateinisch gelesen. Ich bin froh, dass ich mir in der Schule zumindest ein Grundwissen in Latein angeeignet habe, sodass ich nicht nur die Texte ablesen kann, sondern auch ein bisschen verstehe, worum es geht. Ich lasse meine Gedanken kreisen und freue mich auf das Gespräch mit dem Abtprimas, das für diesen Nachmittag geplant ist.

Während meines Aufenthalts in Sant'Anselmo hat mich das vielfältige Bild, das mir die Mönche von sich zeigen, sehr beeindruckt. Die Betätigungsmöglichkeiten für die Mönche in diesem Haus sind so ausgelegt, dass sie dem Tatendrang der jungen Menschen aus aller Welt Rechnung tragen. Es gibt einen Sportplatz, ein Schwimmbad und sogar einen kleinen Fitnessraum im Turm des Klosters, der aber wohl schon bessere Zeiten gesehen hat.

Zu den Gebetszeiten, zum Frühstück und Abendessen tragen alle Brüder das Mönchsgewand. Im Laufe des Tages sieht man aber viele in kurzen Hosen herumlaufen und sich beim Sport vergnügen. Mich beeindruckt dieser Wechsel sehr. Zu den Gebetszeiten wird voll Inbrunst gebetet, in der Freizeit geht man es aber durchaus auch einmal etwas lockerer an. Das Frühstück und das Mittagessen werden schweigend eingenommen, beim Abendesser wird aber munter geplaudert und gemeinsam das eine oder andere Gläschen getrunken.

Endlich ist es Nachmittag. Der Abtprimas klopft wie vereinbart pünktlich um 16 Uhr an meine Tür, um mich zu unserem vereinbarten Gespräch abzuholen. Bald sitzen wir in seinem Arbeitszimmer, das dem Primas auch als Wohnzimmer dient. Ich werfe einen Blick auf seine reichhaltige und wertvolle Bibliothek. Der Primas zieht nacheinander ein paar seiner Lieblingsbücher heraus und erzählt mir dazu Geschichten. Schließlich zeigt er mir noch die Aussicht von seinem Balkon und erklärt mir die Bauwerke und sonstigen markanten Punkte, die zu sehen sind. Dann sitzen wir uns auf seiner gemütlichen Couch gegenüber. Zuerst bitte ich ihn, mir sein Buch „Wohin pilgern wir?" zu signieren, das ich von zu Hause mitgebracht habe. Er nimmt sich Zeit für einen sehr persönlichen Text.

Zu Beginn des Gesprächs hatte ich das Gefühl, schnell zum Thema kommen zu müssen, angesichts der Stapel an Akten, die sich auf dem Schreibtisch dieses Mannes türmen und wohl auf Erledigung warten. Ich erkenne aber schnell, dass es die Absicht des Primas ist, sich Zeit zu nehmen und tief in das Gespräch einzusteigen.

Zunächst sprechen wir über das Thema Führung. Der Primas bittet mich, von meinen Erfahrungen zu erzählen, wie man mit dem Thema in der Wirtschaft und vor allem auch im Verkauf umgeht. Ich berichte und wir vergleichen meine Erfahrungen mit denen, die der Primas in seinen vielen Jahren als Abt des Klosters St. Ottilien in Bayern und später als Primas der weltweit tätigen benediktinischen Konföderation gemacht hat. In seinen Schilderungen zeigt sich mir eine über die Jahre gereifte Führungskraft, die gelernt hat, dass Dinge Zeit brauchen, die aber auch erfahren hat, dass nur die Ordnung die Grundlage eines funktionierenden System sein kann. Der Primas macht deutlich, dass die Liebe immer über der Ordnung stehen muss, als Bekenntnis, den Menschen und seine persönliche Situation genauso wichtig zu nehmen wie die Ordnung der Gemeinschaft insgesamt. Notker Wolf kann außerdem auf internationale Führungserfahrung aufbauen, da er als Abtprimas die Hälfte des Jahres in der Welt unterwegs ist und sich in den unterschiedlichsten Kulturen aufhält. Im Laufe der Jahre hat er gelernt, in mehr als zehn Sprachen zu kommunizieren. Da er als Abtprimas kein Weisungsrecht gegenüber den Äbten anderer Klöster hat, zeigt er durch sein Handeln, wie man nicht mit Autorität führt, sondern dadurch, dass man Sinn stiftet. Führen wird so zur Dienstleistung, um die Menschen abzuholen, einzubinden und Fragen zu stellen, die neue Sichtweisen und Lösungen ermöglichen.

Dann reden wir über den Umbruch in der Gesellschaft. Wir tauschen ausführlich Erlebnisse und Erfahrungen aus, die den Verlust der Werte und Rollenbilder in der Gesellschaft aufzeigen. Der Primas erzählt mir, dass er zu diesen Themen auch öffentlich immer wieder Stellung bezieht – in Talkshows und Vorträgen, in Interviews und auch in seinen Büchern, die ein breites Publikum gefunden haben. Sein Buch „Worauf warten wir?" stand in Deutschland auf den Bestsellerlisten und hat ihm neben viel Lob auch viel Kritik eingebracht, weil er in einer Zeit der Selbstverliebtheit und Egoismen die Rückbesinnung auf traditionelle Werte so deutlich eingefordert hat.

Die Verbindung

Das Gespräch ist so interessant für mich, dass die Zeit wie im Flug vergeht. Schließlich bringe ich das Thema auf den Tisch, dass mir noch sprichwörtlich unter den Nägeln brennt: meine Arbeit mit der Benediktsregel. Der Primas geht auch darauf sehr intensiv ein. Er stellt ein paar Fragen zu den Inhalten meines Buches „Führen und verkaufen mit der Kraft der Ordnung" und zeigt mir dadurch, dass er es sich tatsächlich angesehen hat. Er will ganz genau wissen, was denn der Auslöser für mich gewesen war, ein Ordnungsmuster für den Vertrieb zu suchen. Ich erzähle ihm ausführlich von meinen Erfahrungen mit der Unordnung im Vertrieb, von der Überforderung der Menschen und von den fehlenden Grundlagen in den Abläufen und im konkreten Handeln beim Kunden. Ich berichte von der Beliebigkeit und Zufälligkeit in den Führungs- und Verkaufsprozessen. Der Abtprimas hört aufmerksam zu, stellt Fragen, und es entwickelt sich ein interessanter Dialog. Ich merke, dass mir die wichtigsten Punkte der Benediktsregel und die Zusammenhänge mit dem Vertrieb inzwischen schon so geläufig sind, dass sich die Worte wie von selbst finden. Offensichtlich ist etwas von außen nach innen gewandert und hat sich fest verankert. Die fundierten Fragen des

Primas ermöglichen mir aber, da und dort noch tiefer in die Materie einzu-
tauchen. Rückblickend entsteht in dieser Gesprächsphase so etwas wie eine
Zusammenfassung der Kernaussagen des vorliegenden Buches:

- Zuerst geht es um die Ordnung. Benedikt legt sehr überzeugend dar,
  dass Ordnung eine notwendige Voraussetzung für die Entwicklung der
  Menschen ist. Wenn Führungskräfte im Vertrieb ihre Mitarbeiter zum
  Erfolg zu führen wollen, dann funktioniert das nur mit geordneten Abläufen.

- Es gibt bei Benedikt nicht nur eine *Ordnung der Struktur*, sondern auch
  eine *Ordnung des Tuns*. In seiner Regel finden wir sehr konkrete Anleitungen für die praktische Umsetzung. Nicht nur das *Was* wird in der
  Benediktsregel beschrieben, sondern auch das *Wie*. Was für Benedikt die
  Gebetsordnung ist, muss für den Vertrieb die Ordnung der Führungs-
  und Verkaufsgespräche sein. Und wenn Benedikt die Inhalte der Gebete
  über den Tag hin im Detail festlegt, kann das auf den Vertrieb übertragen nur heißen, dass die richtigen Fragen und Leitsätze für die Verkaufs-
  und Führungsgespräche trainiert und eingesetzt werden müssen. Im
  Vertrieb sagt man den Menschen zwar, was sie tun sollen, liefert aber
  das *Wie* nicht exakt genug mit. Wenn dann die Forderungen nicht umgesetzt werden, weil die Menschen nicht wissen, wie es geht, macht sich im
  Management großes Erstaunen breit. Erst wenn wir die richtigen Fragen
  für Führungs- und Verkaufsgespräche gefunden und trainiert haben und
  die Gesprächsabläufe intensiv geübt haben, wird sich hier eine Besserung zeigen.

- Als wichtigste Aussage erscheint mir aber die Forderung, den *Menschen
  in den Mittelpunkt* zu stellen. Benedikt sagt, dass die Liebe immer über
  der Ordnung stehen muss. Die Ordnung ist also kein Selbstzweck, sondern ein Mittel, die uns anvertrauen Menschen zu entwickeln. Es muss
  also auch immer begründete Ausnahmen von der Regel geben, ohne
  dass deshalb das Ganze in Frage gestellt würde. Der Mensch ist nicht nur
  als Arbeitskraft zu sehen, sondern als ganze Person mit all seinen Facetten und persönliche Bedürfnissen, die man ernst nehmen muss. Wenn
  der Mensch sich wertgeschätzt fühlt, dann können wir auch auf seine
  Arbeitskraft zählen. Gerade in diesem Punkt besteht im Vertrieb noch
  großer Entwicklungsbedarf.

■ Die Führungskraft und ihr Verhalten nehmen in der Benediktsregel breiten Raum ein. Sie ist es, die letztendlich für die Entwicklung des Systems und der einzelnen Menschen verantwortlich ist. Führung ist nicht teilbar. Einzelne Tätigkeiten können delegiert werden, aber die Gesamtverantwortung für den Führungsprozess liegt immer nur bei einer Person. Führung geht nur, wenn Menschen von sich aus zur Überzeugung gelangen, dass sie nicht von Natur aus „fertig" sind, sondern dass es zur Reifung und Entwicklung jemanden braucht, der sich ihrer annimmt. Gerade im Vertrieb ist das alles andere als selbstverständlich, wo doch landläufig immer noch die Meinung herrscht, dass man Vertrieb „einfach kann". Die Führungskraft ist gefordert, dem Mitarbeiter von Anfang an den Sinn eines solchen Entwicklungsprozesses nahezubringen und ihn dazu zu bewegen, sich konkret darauf einzulassen.

■ Der Umgang mit dem rechten Maß zieht sich wie ein roter Faden durch das gesamte Regelwerk. Im Vertrieb haben wir dieses Maß im rechten Umgang mit der Arbeitszeit weitgehend aus den Augen verloren. Hier wird Qualität oft mit Quantität verwechselt. Aber mehr vom Falschen macht das Ergebnis auch nicht besser. Das rechte Maß ist auch für die Formulierung des Anspruches an die Mitarbeiter ein bedeutendes Kriterium. Man muss eine Mindestanforderung festlegen, die jeder Mitarbeiter erreichen kann, damit niemand überanstrengt wird. Es muss aber auch möglich sein, sich darüber hinaus zu entwickeln, damit auch die besonders eifrigen Mitarbeiter finden, was sie suchen.

■ Darüber hinaus finde ich auch den Gedanken spannend, sich auf das zu konzentrieren, was die *Hauptaktivität* eines sozialen Systems ist. Wenn der Sinn eines sozialen Systems darin besteht, Gott zu finden, wie es im Kloster der Fall ist, dann darf eben dem Gottesdienst nichts vorgezogen werden. Wenn der Sinn darin besteht, Produkte zu vertreiben, dann darf dem Verkaufsgespräch nichts vorgezogen werden. Das klingt überzeugend, wird aber in der Praxis selten so gelebt.

■ Bei Benedikt wird die Hauptaktivität auch zahlenmäßig definiert. Siebenmal am Tag singe ich Dein Lob, heißt es dort. Die Mönche lassen auch heute noch sprichwörtlich alles stehen und liegen, wenn die Glocken zum Gottesdienst läuten. Wenn man im Vertrieb arbeitet, ist es ebenso notwendig, eine festgelegte Anzahl von Verkaufsgesprächen pro Tag einzuplanen. Das leuchtet ein, wird aber kaum so umgesetzt.

Dann beleuchten der Abtprimas und ich noch gemeinsam ein paar zentrale Punkte des erfolgreichen Verkaufens genauer, und die Diskussion bringt mich immer noch ein Stück näher an den Kern der Sache. Insgeheim muss ich schmunzeln, als mir bewusst wird, was ich gerade tue: Ich rede mit dem obersten Repräsentanten des größten Ordens der Christenheit über Details zu Verbesserung von Vertriebsstrukturen.

Schließlich will der Abtprimas noch wissen, welche Erfahrungen ich bisher beim Einsatz der Benediktsregel im Vertrieb gemacht habe. Ich berichte, dass die Ohren und Herzen der Menschen sich weit öffnen, wenn ich in meinen Vorträgen und Seminaren die Themen Ordnung und Orientierung anspreche. Dann erzähle ich, dass wir mit diesem Ansatz in mehreren konkreten Vertriebsprojekten großartige Umsatzzahlen erreicht haben, ohne dass die Mitarbeiter sich überfordert gefühlt hätten. *Wer Ordnung hat, kann eben auf lange Sicht hin nicht anders, als erfolgreich zu sein.*

Dr. Notker Wolf macht deutlich, dass ihm mein Ansatz gefällt und dass dieses Konzept wohl auch Benedikt von Nursia gefallen hätte, weil es dabei nicht um hochphilosophische Gedankenspiele geht, sondern um etwas ganz Praktisches. Ich erzähle ihm, dass ich vorhabe, den Ansatz noch einmal zu vertiefen, in Buchform zu veröffentlichen und als Marke international eintragen zu lassen. Der Primas sagt sofort zu, für das geplante Buch ein Vorwort zu schreiben. Wir kommen überein, in Zukunft zu kooperieren und voneinander zu profitieren.

Viel zu schnell ist der Nachmittag vergangen, es wird Zeit, mit den Mönchen zum Abendgebet in die Kirche zu gehen. Wir stehen auf. Der Abtprimas segnet mich und sagt: „Karl, gehe Deinen Pilgerweg!"

Ich trete durch das große Tor hinaus auf den Flur, fühlte mich erleichtert und gestärkt und gehe meiner Aufgabe entgegen.

Literatur

Die Ausführungen zum Thema *Vertrieb* sind angelehnt an meine vier Bücher und ergänzt um handschriftliche Aufzeichnungen, die ich im Rahmen der von mir durchgeführten Seminare und Coaching-Prozesse aufgezeichnet habe.

Meine Bücher:

Herndl, Karl: *Auf dem Weg zum Profi im Verkauf.* 4. Auflage, Wiesbaden 2011

Herndl, Karl: *Führen im Vertrieb.* 3. Auflage, Wiesbaden 2010

Herndl, Karl: *Das 15-Minuten-Zielgespräch.* 2. Auflage, Wiesbaden 2010

Herndl, Karl: *Führen und verkaufen mit der Kraft der Ordnung.* 2. Auflage Wiesbaden 2012

Für die Ausführungen zu den Themen *Benedikt von Nursia, Benediktinerorden* und *Benediktsregel* habe ich folgende Literatur verwendet:

Altmann, Petra: *Wie Mönche und Nonnen leben.* Münsterschwarzach 2009

Assländer, Friedrich; Grün, Anselm: *Spirituell führen.* 2. Auflage, Münsterschwarzach 2007

De Vogüé, Adalbert: *Benedikt von Nursia.* München 2006

Ferenczy, Heinrich: *In Gottes Hand geborgen.* Wien 2011

Grün, Anselm; Zeitz, Johann: *Gott, Geld und Gewissen.* Münsterschwarzach 2010

Holzherr, Georg: *Die Benediktsregel.* Freiburg 2007

Longeat, Jean-Pierre: *24 Stunden im Leben eines Mönches.* St. Ottilien 2011

Nonn, Nikolaus: *Tage im Kloster.* Mainz 2002

Salzburger Äbtekonferenz (Hrsg.): *Die Regel des heiligen Benedikt.* Beuron 1990

Salzburger Äbtekonferenz (Hrsg.): *Gregor der Große. Der heilige Benedikt.* Buch 2 der Dialoge, St. Ottilien 1995

Schütz, Christian; Rath, Philippa (Hrsg.): *Der Benediktinerorden.* 4. Auflage, Kevelaer 2009

Seewald, Peter (Hrsg.): *Die Spiritualität der Mönche.* München 2004

Wolf, Notker: *Jetzt ist die Zeit für den Wandel.* Freiburg 2012

Wolf, Notker: *Regeln zum Leben.* 3. Auflage, Freiburg 2008

Wolf, Notker: *Wohin pilgern wir?* Reinbek b. Hamburg 2011

Wolf, Notker: *Worauf warten wir?* Reinbek b. Hamburg 2006

Wolf, Notker; Lindner, Leo G.: *Jesus. Ein Leben.* München 2012

Zur Verwendung dieses Buches - Rechtehinweis

Der Autor

Karl Herndl, Jahrgang 1961, studierte Pädagogik und Gruppendynamik in Klagenfurt. Nach seinem Abschluss war er von 1990 bis 1997 in einem großen Dienstleistungsunternehmen in Wien tätig – als Personalentwickler, Assistent des Vorstandes und zuletzt drei Jahre als Verkaufsleiter für einen Vertriebsbereich mit 300 Mitarbeitern. 1997gründete er die Karl Herndl Training KG. Das Unternehmen bietet Vorträge, Coaching-Gespräche und Seminare zur Verkaufsförderung.

Buchveröffentlichungen:

- *Auf dem Weg zum Profi im Verkauf (Springer Gabler, 4., überarbeitete Auflage 2011)*

- *Führen im Vertrieb (Springer Gabler, 3., erweiterte Auflage 2010)*

- *Das 15-Minuten-Zielgespräch (Springer Gabler, 2., erweiterte Auflage 2010)*

- *Führen und verkaufen mit der Kraft der Ordnung (Springer Gabler, 2., erweiterte Auflage 2012)*

Karl Herndl kann aus den Erfahrungen von weit über 1.500 Einsatztagen als Trainer, Coach und Vortragender mit insgesamt mehr als 15.000 Teilnehmern schöpfen.

Leitsätze:

- Leben und Arbeiten mit der Kraft der Ordnung

- Menschen bei ihrer Entwicklung begleiten, fordern und fördern

- Jeden Tag etwas dazulernen

Kontakt:

E-Mail: office@karl-herndl-training.com
Homepage: www.karl-herndl-training.com